大生命力が導くラティハン

宗教でも教義でも瞑想でもない、新たなる浄化体験

建部ロザック

たま出版

はじめに

一九二五年六月、インドネシア、ジャワ島の中部の州都スマランで、一人のインドネシアの若者が思いがけない不思議な体験をしました。彼の名はムハマッド・スブー・スモハディヴィジョヨ、二十四歳でした。

これが、後に多くの人たちの人生に影響を及ぼすことになったスブドのはじまりです。

スブドは今、世界の五つの大陸の八十六の国々に広まっています。そして五十四の国に全国組織があり、それらの国々を構成員として、ワールド・スブド・アソシエーション（WSA）という国際組織がつくられています。

とはいっても、スブドはまだまだ多くの人に知られてはいません。むしろ、多くの謎と誤解に包まれたままです。世界の主な国のほとんどすべてに広まりながら、会員数はまだ一万人程度です。

その理由の一つは、スブドを言葉で説明するのがきわめて難しく、不可能に近いことにあります。さらに、スブドは一貫して広告や会員勧誘を一切おこなわないでいることも理由の一つにあげられるでしょう。

そういった意味で、本書は、本質的に不可能であることを、あえておこなおうとした無謀な試みだと言われるかもしれません。スブドの新しいメッセージを全体的に示そうとしているからです。

ただ、スブドが世界に出現してからかなりの期間がたった現在、会員である人もふくめて、人々のスブドの受けとり方、理解の仕方には多くの問題があるように思われます。私自身の半世紀以上にわたる実践をふまえたスブド観と、スブドのメッセージについての理解を書こうと思いたち、こうして筆を執ったのはそのためです。

スブドでは、ラティハンという言葉が頻繁に出てきます。ラティハンとは、インドネシア語で、訓練、トレーニング、実習、練習、エクササイズのすべてを意味する言葉です。小学生がおこなう体操から、アスリートのトレーニング、芸事や精神的な修練、霊的訓練にいたるまで、インドネシアではすべてがラティハンです。

そのため、ぴったりした訳語を見つけるのが難しく、試行錯誤の結果、結局、ラティハンというインドネシア語をそのまま使うことで国際的に合意しました。しかしその場合でも、「スブドのラティハン・クジワアン（スピリチュアル・トレーニング）」と言わないと、インドネシアでは身体のための体操かエクササイズと間違えられるおそれがあります。

ラティハンとラティハン体験はスブドの根幹であり、本書の中心的内容の一つです。思考と感情という心の機能が、人間を超えた力によって一時的に作用しなくなり、私たちに影響を及ぼさなくなったときにだけ経験することができる、スピリチュアルな認識と体験を示す言葉です。

本書を読まれた方々が、いずれ将来、そうしたまったく新しい浄化体験を通して、大いなる力、大生命力に気づかれることを願ってやみません。

なお、スブドという名称は、ワールド・スブド・アソシエーション（ＷＳＡ）の登録商標です。また本書で述べられているのは、著書自身の意見や理解であり、ＷＳＡの見解であると受けとるべきではありません。

大生命力が導くラティハン
～宗教でも教義でも瞑想でもない、新たなる浄化体験～

目次

第二部　オープンとラティハンの実際

第一部　スブドとは何か

第一章　ラティハンの出現

非言語的な体験、ラティハン

スブドを創始したムハマッド・スブー・スモハディヴィジョヨは、後にスブドの会員からババ（インドネシア語で「お父さん」）と呼ばれるようになりましたが、彼自身も、生前から自分をババと言っていましたので、本書でも以下ババと呼ぶことにします。

ババというのは、インドネシアでは特別な呼び方でも尊称でもありません。英米では男性にミスターをつけるのが一般的なように、インドネシアでは、年長の男子に対して、家族の一員であるかのように、父を意味する「パ」または「パパ」、年長の女子には母を意味する「イブ」と呼びかけることがごく一般におこなわれています。

スブドが世界に知られるようになったのは、ババの最初の経験から三十年たった一九五六年です。当時、英国では、グルジェフの高弟P.D.ウスペンスキーが死去し、ジョン・ベネットが数百人に及ぶ英国のグルジェフ・グループを率いていました。グルジェフは、二〇世紀最大の神秘主義者といわれた謎めいた人物で、ギリシャ正教、イスラムのスーフィー、ユダヤ教のカバラ、新プラトン主義、アテネのクリスチャン、聖ディオニシウス、ピタゴラス、エジプトの秘教、仏教やラマ教の深層心理学など、過去の宗教的、神秘主義的な遺産を総合し、独自の発見と見解を加えて「ワーク」と呼ばれる新しい精神的、心理的な訓練法を提唱した人です。その影響は世界の多くの国と人におよびました。

グルジェフのワークを簡単にまとめることは困難ですが、その中心思想は、人間はまだ真の自分を自分のものとしておらず、真の自分自身はまだ「眠っている」ということです。

そのため、人の行動は条件づけに支配された機械のようなものになり、主体的に判断して何かをすることができず、言葉も信念も行動も習慣も、すべては外部からの刺激や影響に対する単なる反応であり、機械的な行動に過ぎなくなります。

彼はこう言います。

人間は永続的で不変の「私」を持っていない。どの考え、どの気分、どの欲望、どの感覚も「私は」と言う。そしてどの場合の私も、当然、全体、その人全体に属する私だと思い、その人全体の考え、欲望、反感が表現されたのだと受けとっているように見える。しかし事実を言えば、その推測には何の根拠もない。人のあらゆる考えや欲望は、その人の全体とは別個に、それとは無関係にあらわれて、生きる。……人は真の自分自身というものを持ってはいない。その代わりに、何百、何千という別々の小さな私が存在していて、しばしば互いに知り合うことも、接触することもなく、反対に、反目し、排斥し、共存できずにいる。(Ouspensky, *In Search of the Miraculous* 第三章から抜粋)

ウスペンスキーからグループを引き継いだものの、ベネットは彼の正当な後継者として「ワーク」を継続し発展させる上で悩みをかかえていました。というのも、フランスにいた晩年のグルジェフと何度か個人的に会って、彼から次のような話を聞かされていたからです。

グルジェフは、自分の死後、自分の仕事を引き継いで完成させる人が出てくると予言していました。彼は「その人はすでにここから遠い場所で準備をととのえている」と述べ、一九四九年には、弟子たちに対して「マレー半島と連絡するよう努めるべきだ」と、地名まであげて話していました。（ベネット著 *Concerning Subud* 日本語訳『二〇世紀の奇跡スブド』理想社）

ベネットは、当時、グルジェフが間もなく死ぬことも、彼が約束した新たな「師」と自分が生きている間に会うこともまともに信じてはいませんでしたが、フセイン・ロフェという英国籍のスブド会員と知り合い、彼からスブドの話を聞いて、ババに興味を持ちました。そしてついには、当時キプロス島にいたロフェをロンドンまで招き、彼を通じてスブドに入会し、自分でラティハンを体験して衝撃を受けます。それは、さまざまな秘教的な教えと世界中の宗教や神秘主義の伝統を熟知していたはずの彼が、それまでまったく知らなかった新しい体験でした。

結局彼は、ババを英国に招待します。

スブドの存在は、このようにして、まずベネットの弟子たちからはじまり、グルジェフに関する国際的なネットワークを経由して世界中に広まっていきました。

すると、訪英だけのはずだったババのもとに、思いがけなくヨーロッパの多くの国々から招待状がときどきはじめ、彼の旅程は、英国内の主要都市をはじめ、オランダ、スイス、ドイツ、フランス、ノルウェー、イタリア、スペイン、ギリシャ、そして最後にはアメリカの西海岸をまわる一年を超える大旅行になりました。

「はじめに」でも述べましたが、スブドは今、世界の八十六の国々に広まっています。五十四の国に全国組織があり、それらの国々を構成員として、ワールド・スブド・アソシエーションという国際組織がつくられています。スブド・ジャパンもその一つです。

とはいっても、スブドの実体はまだまだ人々に知られていません。特に日本ではそうです。むしろ多くの誤解を耳にします。会員の数も世界で一万人程度です。

その理由の一つに、スブドの根幹であるラティハンを言葉で説明するのがきわめて難しいことが挙げられます。スブドがもたらした新しさとは何か、ラティハンとはどんなものかと聞かれても、うまく言葉で人に説明できないのです。

とはいえ、スブドに関しては、欧米を中心にすでに何十冊もの本が出版されています。そのほとんどは、スブドによって与えられた会員の個人的な体験の記録であり、ババとの出会いを中心とする回顧録です。最初期の二、三冊以外、スブドの全体像を示すような一般的な説明書のようなものは、ほとんど何も出版されていません。スブドの会員にとって、自分が体験した事実だけなら書くことができても、スブドの全体を言葉で説明したり紹介したりすることは、不可能に近いように思われるからです。

日本では、過去六十年間、スブドに関する書物は四、五冊しか出版されていませんが、それも同じ理由によります。

もちろん、言葉で説明できないものはほかにもあります。仏教でも、禅の悟りは、言葉では説明も言い表すこともできないとされ、一般にそう認められています。にもかかわらず、比喩を使うなどして、禅を解説する書物はこれまで何冊となく書かれ、今も書かれ続けています。

スブドのラティハンも似たようなものなのでしょうか。

確かに、ラティハンの似た部分を指摘することは可能かもしれませんが、ラティハンはもっと革新的で、世の常識からはかけ離れています。

言葉はこの世の事物を示す道具で、それによってそれと他を区別することができます。比喩といえども、使われるのはこの世の事物です。そして比喩が示そうとしているのがこの世を超えているとしても、比喩を使ってこの世の事物と比べることによって、本当はそれが何であるかを私たちに想像させ、推測させようとします。

しかし、スブドのラティハンでは、そういう推測すらなかなか成りたちません。その理由を知るためには、二十四歳のインドネシアの若者を突然おそった体験にまず話を戻し、彼が何を体験したかを知る必要があります。

ババの子ども時代

ババは晩年、ごく短い自伝を書きましたので、彼の子ども時代についてある程度知ることができます。

彼は、早くに父親を亡くして、祖父母によって育てられましたが、幼いころから少し変わった子どもだったようです。祖母は幼いババをよく結婚式に連れていきましたが、ババは新夫婦の相性に関して、あれこれ口にしました。そして相性が良くないとされた夫婦は間もなく離婚する結果になりました。それが何回も繰りかえされたので、祖母も家族もとうとうババを結婚式に連れて行かなくなりました。

また彼は、なぜか人の悪口や汚い言葉を口に出すことができず、言おうとしても口が動かなくなってしまいました。学校の授業で、教科書のある言葉を読みあげるように言われたのに、口が凍りついたように動かなくなり、先生から叱られる、ということもありました。

十六歳のとき、最愛の祖父を亡くします。その衝撃が薄れないうちに、彼は不思議な夢を見ました。夢のなかで、黒ずくめの服装の背の高い男が近づいてきて、彼を上からのぞきこみ、彼は目をさましました。その男は大切なことを話さなければならないと言って、こう告げました。

「お前はじきにこの地を離れ、働かなければならない。だが、三十二歳になると、神はお前を呼び戻すであろう」

それと同時に、今度は本当に眼をさまして、あたりを見回しましたが、もちろん男の姿はありませんでした。

夢として片づけるにはあまりにもリアルだったので、彼はその意味を考えざるを得ませんでした。「三十二歳で神に呼び戻される」とは、死ぬという以外には考えられません。彼は医学を学びたいと思っていましたが、もし若くして死ぬのであれば、時間をかけて医学を学んでも何の役に立つでしょうか。

いろいろ考えたあげく、医者になるのをあきらめ、家族の生活を支えるために、男に言われたように職探しをすることにしました。そして幸運にも、近くの町の鉄道の駅で正社員として働くことになりました。

　しかし、三十二歳で死ぬという予言は重く心にのしかかり、やりたいと思っていた簿記の勉強に時間が充分に取れなかったこともあって、彼は次第に満足できなくなり、自分の人生の意味とそれを完成させる方法を知るために、高名な霊的指導者たちを訪ねて教えを乞おうとしました。

　その後数年、彼は職や住所を変えながら、時にはかなりの旅をして、友人とともに名高い霊的な「師」を訪ね歩きました。

　しかし、彼らのバパへの接し方は思いもかけないものでした。彼らはいずれも、下にもおかない態度で彼を迎え、ある師はバパをご主人さまと呼び、ある師は彼が来るのを七十年も待っていたと言い、また八十歳になる別の師は、内部の眼で見るとバパは遙か上方で光に包まれていて、あなたを教えるのは私の仕事ではないと言い、また別の師は、時がくれば神が直接あなたに教えるであろうと言って、彼を自分の弟子にするのを拒みました。そしてその場にただ座っていることだけを許しました。

　こうして彼は、霊的な師たちからも疑問に対する答えを手にすることができず、そのうち霊的探求の熱意も薄れて、この世の現実生活により関心を持ち、かねて望んでいた簿記の勉強に打ちこむようになりました。

大生命力との最初の接触

そんなある夜、彼は来客も断って簿記に熱中していましたが、真夜中過ぎになって、疲れた頭を休めるため近くに散歩にでかけました。その帰りがけ、家の近くまでくると、彼のまわりが急に明るくなりました。見上げると、中空に光の球があって、太陽のように輝いていました。(実際にババは、そのとき太陽が落ちてきたのではないかと思った、と別の談話で述懐しています)。

その光球は、彼の頭上に降りてきて、頭頂を貫いて体内に入り、全身を激しく振動させました。心臓発作だと彼は思いました。どうにか家までたどりつくと、彼はベッドに横たわり、すべてを神にゆだねて死を待ちました。

しかし次に起こったのは、彼が思いもかけなかったことでした。彼の全身が内部からの光で照らされ、透き通っていました。それが三十秒くらい続いたかと思うと、自分の意思に反して彼の身体はベッドの上に起きあがり、足が勝手に動いて、祈りと勉強に使っていた部屋に彼を運んで行きました。そして彼の身体は、イスラムの掟《おきて》にのっとった神への礼拝を二回おこないました。言葉はともなっていませんでした。それから同じように勝手に身体が動いて、自室のベッドに戻ると、すぐに眠りこんでしまいました。

これが、スブドのラティハンとして後に知られるようになった大いなる力との接触のはじまりでした。ババはその力を「大生命力」と呼んでいます。

この体験はそれで終わりではありませんでした。次の日も、またその次の日も、彼が眠ろうとして眼を閉じると、逆に目は大きく見開き、はるか遠くにあるものでも見えて怖くなるというような経験をしました。そして前夜と同じ力が出現して、彼自身の意思とは関係なく、身体のいろいろな部分がその力に促されて動かされる経験をしました。

一千夜の集中ラティハン

この体験は、その後一千夜にわたって連続して続きました。夜はほとんど眠ることができませんでしたが、不思議にも、日中はいつもと変わりなく仕事に出て働くことができました。

ラティハンによる身体の動きはいつも同じではなく、日を追って変わり、千変万化していきました。

一千夜にわたる連続ラティハンというのは、ふつうではあり得ないことです。スブドの会員は、入会後、定期的にラティハンを実践しますが、その回数は、原則として週二回、各三十分だけです。それだけで、ラティハンは確実に私たちに働きかけはじめて、私たちの心身を徐々に変化させるのです。

このことは、ラティハンの作用がいかに強力かを示しています。そのため、ラティハンの進歩をもっと早めたいと願って回数をむやみに増やしても、進歩を早めることはできないばかりか、クライシスと呼ばれる不愉快な状態をつくりだしかねません（クライシスについては第二部で改めて取り上げます）。

ですから、ババが一千夜にわたって連続ラティハンをさせられたということは、ふつうにあり得る経験ではなく、神の特別な配慮と意図が背後にあったとしか思われません。

さらにババが、ふつうでは想像することさえできない集中ラティハンを一千日にわたって毎夜寝ないでおこないながら、日中はふだんどおりの生活を送ることができたというのも、常識では考えられないことです。

スブドのラティハンは、たとえば山や人里離れた場所にこもって瞑想にふけるような、従来型のトレーニングではありません。修行に専念するためにこの世の生活を犠牲にする必要がまったくなく、一般人と同じ日常生活を送りながら、それがいかなる意味でもトレーニングの密度や質を損ねることにはならないという、これまでになかったトレーニングです。

ババは、ラティハンのその特徴を、疑いを持つ余地がないようなかたちで、身をもって経験させられたのではないかと思われます。

ラティハンでの身体の動き

ババの体験はこのようにしてはじまりました。

彼は多くの身体の動きを経験しましたが、最初のうちは、自分の意思に反して自分の身体を動かしているのはどんな力で、それが何を意味しているのかがわかりませんでした。経験しているのは、自分がある未知の力に包まれ、それに促されて、さまざまに身体が動くということだけだったからです。

彼はインドネシアの護身術を身につけていましたが、ラティハンのなかには、それに関連する動きもありました。それまでに習ったことのない、身体のさまざまな動きや新しい武術の技でした。

また、踊りも踊らされましたが、それは身近なインドネシアの踊りだけではなく、世界のさまざまな文化と民族の踊りや所作でした。

声を出し、歌も歌いましたが、その質もやがて変化して、良い声と美しい旋律で歌えるようになりました。

しかしそれは、起こる動きにただ身を任せるだけで、教科書も手引き書もなく、言葉で説明してくれる先生もコーチもいませんでした。

これは、トレーニングとしては奇妙なやり方に見えます。手を取り、足を取って親切に教えてくれるふつうの習いごとに比べれば、異常であるばかりか、不便です。しかしよく考えれば、これは私たちの誰もがすでに経験してきたことで、はじめてのことではないのに気がつきます。

たとえば子どもの成長です。

子どもは日々成長していきますが、成長速度はゆっくりしたものです。子どもはしばしば、それがまだるっこくなって、早く大きくなりたいと思いますが、柱や壁に印をつけて、今日身の丈をはかり、明日身の丈をはかっても、違いは見られません。しかし何ヶ月かたつと、確実に子どもが成長したことがわかります。

生命を持つ存在はみなそのようです。

生命をつくりだし、維持し、成長させている宇宙の大いなる力は、常にそのような働き方をします。ふつうに生活し食事していれば子どもは大きくなりますが、事実としてそうなるだけで、前もっての予告や説明はありません。何の予告も前触れもなしに起こり、起こってはじめてそれが事実であることがわかります。

宇宙の根源的な力、何十億年という年月をかけて、バクテリアから植物、動物、人間を誕生させていった大自然の創造力は、常にそのパターンで働きます。山脈の隆起、渓谷や湖や河の誕生、四季の移り変わりもそうです。

興味深いことに、ラティハンによって生じる変化のパターンも、それとよく似ています。ババはその大自然に似たパターンを受け入れ、与えられるラティハンにひたすら従いました。はじめから確信できたわけではありませんが、光の球の出現という衝撃的な出来事や、その後のラティハンで経験する自分自身の状態から、自分に働きかけているのは人智を超えた高い力であり、それに従うのが正しいことだと信じることができたからです。

ラティハンのなかでは、思考や感情が抑えられて、心は静かで平安になり、意識が混濁したり、意識をなくすことはありません。自分に起こっていることを常にはっきりと気づいている、明瞭な意識が保たれています。

そうした経験を何回となく繰りかえしていくうちに、ババは洞察と試行錯誤を通じて、ラティハン中の動きが何を意味し、なにを目的としているのかを感じることができるようになっていきました。

こうして知ったラティハンの性質で、ババが特に重要視したことが二つあります。それは、ラティハンでの動きと浄化との関係、そして身体の動きが人間の神に対する礼拝をあらわしていることです。

これらについては、章を改めて説明しましょう。

第二章　神の礼拝と浄化

自分の足で立つ

ここで言っておかなければならないことがあります。スブドは思想や信条、教えや教義、すなわち宗教に類するものではないということです。

他の会員がどのような宗教を奉じているのか、どんな信条を持っているのかを気にかける人はいません。

なぜかといえば、定期的にラティハンをする人がスブド会員ですが、ラティハンは体験であり、言葉や教えではないからです。

会員は、一人ひとりが、ラティハンで自分が感じたこと、経験したことに基づいて、是非を自分で判断し、生き方を決め、人生観や世界観を構築したり修正したりしていきます。

宗教を信じている人は、その宗教に対する理解を深めていきます。

もちろん、ラティハンを実践する上で疑問があれば、経験を積んだ会員に意見を聞き、相談するのは自由です。

しかしそれも参考意見で、最終的に決める主体は自分です。その意味で、スブドは、自分より優れていると思う指導者や霊能者の助言を頼りにして、それに依存して生きる道ではありません。

良い師（グル）を見つけ、師に従うことで自分を高めようとするのは、日本のみならず、アジア全般で流布している修行法の一つです。そのほうが自分をある程度高めるためにはやさしくて有効だからです。しかしその有効性には限界があり、危険性もあります。真の意味で自立することが難しいからです。

スブドは自分の足で立ち、自分の足で人生を歩く方法であり、そのために与えられた未知の力からの贈りものです。もし他人に依存する生き方を望むのなら、スブドはお門違いでしょう。

ところで、ラティハンが人間にとってこれまで存在したことがなかった新しい体験であるというのは、どういうことでしょうか。なぜそう言えるのでしょうか。

それは、思考と感情という、人間が誇る心の二大機能に関して新しい知識と理解をもたらしたからです。この認識をもたらしたのは、おそらくスブドがはじめてです。

思考と感情は、一定の形と質量を持ったモノではないために、科学の対象になりにくく、解明がおくれていて、それが物質の一種なのか（そう考える科学者が多いようですが）、物質とは違うのかさえ、まだ学問的な最終決着がついていません。

しかし、人間を他の生物から区別し、人類を万物の霊長という位置にまで押し上げたのは、脳の大脳皮質の発達と、それによって可能になった思考と感情の機能であることは間違いないと信じられています。そして思考や感情が、猿人から現在のようなところまで発達するのには、数百万年という長い時間がかかったとされています。

その経緯はつまびらかではありませんが、人体の器官や機能は、使えば使うほど、鍛えれば鍛えるほど強化され、反対に、使わなければ徐々に衰えて、最後には消滅することがわかっています。

思考や感情も、人体機能の一つですから、その原則があてはまると見て間違いないでしょう。

バパは、思考と感情という心の機能は、人間がこの世の状況を知り、それに合わせて生きるために与えられた機能で、思考と感情とその欲望の対象は、すべてこの世の事物に向けられていると指摘しました。

この世界が持つ条件を知り、この世に存在する事物を知り、その一つを他のものと区別し、それぞれの性質を分析し、想像力を働かせ、推理し、その合理的、効率的な使い方を発見し、それによって人間生活に役立つ家や衣服、器具や機械をつくり出すことができたのは、すべて思考や感情によってです。

そのため人類は、それらの機能を発達させることに全力をかたむけてきました。現在の文明社会や、近代化された私たちの生活は、その努力の結果です。

ババは、思考や感情は私たちがこの世に生きるためには必須の機能ではあるが、神とかあの世とかいう、この世の存在ではないスピリチュアルな事物を知るためには、まったく役に立たないと指摘します。人間には、スピリチュアルな世界と接触するための内部感覚という別な機能が、本来的に与えられているのです。

思考や感情と内部感覚は、ある意味で分業しています。

内部感覚は、私たちの魂の自己表現機能です。その機能が失われると、この世で生きる私たちと、スピリチュアルな存在である私たちの魂とをつなぐ架け橋となるものがなくなり、魂からの指示や情報を伝えることができなくなります。

そうなると魂は本来の活動ができなくなりますが、スブドではそれを「魂が眠っている」という言い方をします。環境が整わないために発芽することができない植物の種と同じということです。種は発芽しなければ生長できないように、魂も目覚めなければ、この世の経験を通じて成長し、機能を拡大させることができません。

ババは、その原因は単に、人類が直面している地球上の条件が絶えず変化し、人類の大半が、その変化に対処する過程で容易にその変化の影響を受けてしまったことにあると指摘し、とりわけ科学によって人々の心が発達し続けたことによって、その傾向がさらに強められたことをあげています。その結果として、人間のスピリチュアルな感覚を統括する内部感覚は、本来の「平安の領域」から「思考の領域」に落ちこむ道を絶えず広げていきました。そのため人間の自我は、内部感覚の静かさによって支配される代わりに、より多く思考によって支配されるようになったのです。そして最後には、人の感情と脳は常にいそがしく働き、平安を味わう機会をほとんどなくしてしまったのです。

ですから、ババが指摘し、警鐘を鳴らしているのは、人類がこの世の生活を改善するために思考や感情を発達させたのは間違いではないが、欲望にかられて無制限にそれらの機能を発達させ、内部感覚の働きを無視してきたために、現代の人間は、使われない機能は弱体化するという原則にのっとった代償を払う結果になったということです。すなわち、内部感覚が衰弱し、その機能が大幅に失われているのです。

それだけではありません。人間は思考や感情、すなわち自分の心によって目隠しをかけられています。

考えること、感じることとは、この世の刺激に対する反応です。私たちはそれに振り回されて、昼も夜も、心を静めることができずにいます。頭や心のなかでわき起こる考えや感情は、この世のことばかりです。そのため、神の力や神が支配する宇宙が存在すると感じることも、考えることもできず、人間が神の被造物であることも、神やスピリチュアルな宇宙と魂を通してつながっていることも、思い出すことすらできない状態になっているのです。

大生命力との接触を回復し、真の自我である人間的魂をめざめさせることができるというスブドのラティハンは、現代人がおかれているこのような事態と関連させて考える必要があります。

ラティハン体験と神の礼拝

言語は、人間にとってコミュニケーションの最大の手段ですが、唯一の手段ではありません。言葉や発声よりも古い、原初からの手段として、身振りや仕草、手足やひげや触覚の動き、表情による非言語的なコミュニケーションがあります。意思をあらわすのに、これらが言語以上に雄弁なことも数多くあります。

言語で説明せずにただ事実だけを呈示するのが大自然のパターンであり、ラティハンでの変化も同じだと言いましたが、そうであれば、ラティハンのなかの身体の動きも、もし注意深く観察して比較していれば、その動きが何を意味しているかが推測できるかもしれません。

ババがしたのもそういうことでした。

ラティハン中の動きは、注意深く観察すれば、いつも同じではなく、時とともに変化していきます。

その動きを見ていくと、最初は荒っぽい動きだったのが、次第になめらかで繊細な動きに変わっていくことがわかります。無意味で、でたらめな動きにしか思えなかったものが、次第に、ある所作、ある形の動作に収束していきます。それには祈りの姿勢もまじっており、それが時とともに鮮明になります。

ここでの問題と難しさは、それが見てとれるまで、忍耐してラティハンを続けられるかどうかです。浄化のところでより詳しく述べますが、ラティハンの進歩は通常の尺度でははかれず、人によっては何年もかかることがあるからです。

ババはムスリム（回教徒）でしたが、彼がラティハンで経験させられた祈りは、イスラムの祈りに限りませんでした。それらの繰りかえしを通じて、ババは最終的に、ラティハンでの身体の動きが単なる身体の体操やエクササイズではなく、非常に大きな意味を持っているという確信に行きつきました。

ラティハンで働く力に逆らわずについていくのは、その力に敬意を払い、無条件で従っていこうとする姿です。もしラティハンで働く力が、神からの直接の力である大生命力ならば、その動き自体が神をうやまい、神の力に導かれて神を礼拝する行為だと言えるからです。

そしてその神への礼拝を通して、自分にとって必要なものが神から与えられ、受けとることができる――それがラティハンの本質であり目的です。

ラティハンを長く続けてきた会員にはそう理解している人が多いのですが、ババがそう言ったからではなく、自分もそれを体験したのでそう思うようになったのです。

ラティハンは宗教でも教えでもなく、体験であるというのは、文字通りの事実ですが、それは同時に、自分でそれを体験しなければ、その内容はわからないことを意味します。そうした事実は、多くの人にその内容を伝えるためにはきわめて不利な条件です。そのため、不十分ではあっても、言葉を使って内容の一部を表現し、その体験の実体を想像してもらうほかはありません。

本書もそうした試みの一つですが、言葉で表現すると、すぐにそれは教えであり、教義であると誤解する人たちが出てきます。

言葉は人間にとって特別な存在です。日本でも、昔から言霊《ことだま》信仰があって、言葉はこの世の事物を示すだけではなく、スピリチュアルな力が宿っていると考えられてきました。西洋でも、聖書のヨハネ伝は「はじめに言《ことば》があった……言は神であった」という語ではじまっています。言葉は（神の）叡知、人間の命であり、人間の思考につながると考えられたのです。約束するのも、誓うのも、祈るのも言葉による行為であることが示しているように、一種の言葉に信を置く時代が続いてきたのです。

しかし今、人々は言葉も信じられなくなっています。口や言葉は嘘をつくことができるし、飾って誇大化することもできるし、裏がある場合もあるし、シラを切ることもできるし、裏切ることもできます。ですから現在は、言葉より強い「信念に基づく行為」が行動基準としてより尊重される時代かもしれません（過激派の信念は困りますが）。

ババは、これまで人類は「信念」の時代を生きてきたが、スブドの到来によって、「体験」の時代の幕があけたのだと言っています。

信念の時代にいるとは、スピリチュアルな事柄や信仰の内容については、客観的に実証する手段がこれまで存在せず、各人の信念に委ねるほかはない状況だったのが、ラティハンが出現したことによって、誰もが自分で体験して真偽を確かめることができる体験の時代が開かれたということです。

私たちが何かを体験する場合、そこには必ず、心、すなわち思考や感情が介在していま す。そして体験内容に影響をおよぼします。それは、曇りガラスかヴェールを通して外の光景を見ようとするのに似ています。しかしラティハン体験は、思考と感情という余計な介在物の影響を受けないために、スピリチュアルな宇宙を正しく認識できるのです。

人間を超えたスピリチュアルな宇宙の探求は、思考や感情、すなわち自分の心を介入させるかぎり、決して正しい認識には達し得ないというババの指摘は、真剣に考える必要があります。

なぜなら、私たちはこの世では、四六時中思考と感情に頼って生きており、その影響から離れることはできず、その影響から完全に脱することができるのは死ぬときだけだからです。

もしそうであれば、私たちがこの世では神も神の力も見ることができず、感じることもできないのはむしろ当然で、心を絶対視する立場にたてば、神などむしろ存在しないもの、あってはならないものになります。これが科学的唯物論です。

実は、すでに知られていたことですが、スピリチュアルな真実の探求者たちは、思考や感情は有効な手段ではなく、その介入はむしろ正しい認識を妨げることに古くから気づいていました。そのため、瞑想法では、思考や感情の関与をなるべく減らす工夫と努力が払われました。

しかし一方で、人間はそれ以外に探求手段を持っていないために、神を求めるにあたっても、程度は少なくても、思考と感情の力を借りて、そこから出発せざるを得ませんでした。

そのために使ったのは、主に意志の力です。思考の対象を意志の力で制限して、その活発化を抑え、波打つ感情を抑えて鎮めます。

瞑想を例にとれば、思考が散漫にならないように、たとえば仏の似姿や極楽を象徴するマンダラに注意を集中して、それと自分を心のなかで一体化させようとします。禅には「数息観」という瞑想法がありますが、ゆっくり呼吸しながら、ひたすら数をかぞえます。そして最後には、数えるという意識すら薄れて、何も考えない無（空）の状態に近づこうとします。

ヨガも根本は瞑想です。身体的なさまざまなポーズをとるハタヨガも、結局は瞑想に有利な落ちついた心理状態をつくりだすためのものです。

しかしこの苦肉の策も、根本的な問題の解決にはなりません。確かに意志は、思考や感情の働きをある程度抑えつけ、支配する力を持っています。しかしそれは意志の力が思考や感情や欲望の力と別ものであるからではなく、同類であるからです。むしろ思考や感情の出発点となる中心機能だからです。そして人間に意志の力が与えられている理由や目的も、思考や感情と同じです。地球環境という自分の外の異質な世界の性質や条件を探り、人間のこの世での生活をより良く改善していくためです。

一方、意志は、この世を超えたスピリチュアルな世界の認識においては、無益であるばかりか、かえって邪魔になるのは思考や感情と同じです。意志の力によって、この世の壁や条件を超えて、神や神の力が支配するスピリチュアルな真実に到達することはできません。

ですから、意志の力によって思考や感情の干渉を抑えようとしても、結果は逆になる危険性があります。物事に動じない、意志の強い人間がつくられ、望んでいた仏のビジョンを目撃したり、神秘現象が起きたりするかもしれませんが、それらは自分の意志の投影にすぎず、スピリチュアルな真実とは関係のない幻想である可能性があります。

ラティハンは体験であって、信念でも思い込みでもないという主張の背後には、思考と感情という心の機能に関するこうした新しい理解と認識があります。反対に、ラティハン状態は、思考や感情の働きがストップさせられたときにだけ出現しますが、それは大生命力がその場を支配するからです。大生命力は、思考や感情が支配権をにぎって働いている場にはあらわれません。思考や感情が存在して働いているということは、その場がスピリチュアルな領域ではなく、この世であり現世であるということです。現世においてスピリチュアルな真実が隠されて見えないのは、真昼の星と同じです。

ですから、ラティハンの結果、ある人の考え方が変わり、感じ方が変わり、人生観や世界観が変わることがあっても、それはその会員個人の変化によって生じたものであって、スブド自体の枠組みが思想や理論であったからその影響を受けて起こったわけではありません。

先に述べたラティハン中の身体の動きと神の礼拝の関係にしても、会員一人ひとりのラティハン体験と切りはなすことはできません。そういう考えや理解を受け入れるのも拒むのも、会員の自由です。スブドの本質にとって、それはあまり重要なことではありません。

重要なのは、当人がどう思うにせよ、ラティハンを続けると浄化がはじまるということです。なぜならそれは、ラティハンが理論や観念ではなく、真実の体験である証拠だからです。本物の体験であれば、必ず結果があらわれます。それはスブドのラティハンの最大の恩恵のひとつです。

ところで、「現世からスピリチュアルな真実が隠されて見えないのは、真昼の星と同じ」であるというのが言葉どおりの真実であるとすると、私たちの世界観、宇宙観に革命的な変革がもたらされることになります。もし、私たち人間の最良の機能である思考や感情の輝きにかき消されて、真昼の星々のように、宇宙の実態が私たちの眼に見えなくなってしまっているのが本当であれば、宇宙は、これまでの私たちの認識とは大きく変わるでしょう。実際には、宇宙はより広大な、スピリチュアルな宇宙をふくんだものになり、私たちの眼で見える物質宇宙の何倍もの大きさになるかもしれません。

一般の人々は、こうした新説に出会った場合、まず世間の常識にしたがって判断するので、このバパの理解は、極端すぎてなかなか受け入れがたいかもしれません。

さらにこの問題に関しては、科学がさらに進歩して、思考や感情の実体やその作用メカニズムがより明確になるまで確実なことは言えないという事実があります。しかし、現在までに解明されている脳の視覚機能（光の電磁的な刺激が、脳の視覚野によって形やパターン認識などがおこなわれ、最終的には一種の世界地図のようなものが作成されて、それが眼には外の宇宙として映るため、私たちが見ているのは宇宙の実体そのものではないという学説）は、ババの理解を否定するよりは、むしろ部分的にサポートしているようにも思われます。ただ、これは私の素人考えなので、これ以上の言及は避けます。

昼間の星が見えないことを例としてあげたのは、その理由が興味深いからでもあります。いまでは中学生でも、昼間に星が見えないのは、空が明るくなりすぎて星の弱い光を打ち消すからであり、空が明るくなるのは、大気中を浮遊する微細な無数のごみやほこりや水分が反射して光が散乱するからであることを知っています。

私たちの眼は、周囲が明るくなればなるほどよく見えるようになりますが、その原因が大気中を浮遊するごみやほこりという不純物のためであるということは、それが科学的、客観的な真実であるだけに興味深く感じられます。

思考や感情を中核とする心の機能については、これ以外にも一つの重要な特徴があります。ババは次のように言います。

「神の力や、神の礼拝を見つけようとするハートや心の努力は、決して成功することができないであろう。なぜなら、ハートと心は、単に下位の生命力たちを配列したり、並び替えたりするためのものだからである」

そしてさらに、

「もしあなた方が、スブドのなかの人たち、すなわちスブド会員が、自分のラティハンで本当には進歩してこなかった理由を知りたいのであれば、それは彼らが、自分のスピリチュアル・ラティハンを把握し、理解しようとする際に、なおハートと思考を使っているからである」

これは非常に重要な指摘です。ここで言及されている「下位の生命力」や、宇宙を構成している七層の「生命力」については、第三章の「スピリチュアルな宇宙」で説明します。ですから、そこまで読んでから、もう一度ここの説明を読みかえしていただければ、より理解しやすくなるでしょう。

要するに、心という機能にもそのエネルギーの活動対象となる生命力の範囲が定められており、それを超える生命力の領域を理解するためにはまったく無益であるだけではなく、真実の正しい認識を妨げる邪魔な不純物とならざるを得ないということです。

そのときに働くメカニズムは、もしかすると昼間の星が眼に見えない理由と似たものかもしれませんし、それとはまったく違うかもしれません。ただ、人間の内部感覚は、大生命力の存在を感知するためには、真に濁りのない純粋な状態でなければなりません。

ですから、心という機能を少しでも働かせているかぎり、それが内部感覚を濁らせる不純な浮遊物となって、スピリチュアルな世界は内部感覚から隠されて、はじめから存在しないように見え、心の機能を完全にストップさせたときにはじめて、その存在があらわになる可能性があるということになります。ただ、通常では、その状態は死の扉を通過しなければ経験できません。

したがって、スブドが体験であって宗教ではないということも、単なる言葉上の理屈や解釈をもとにして言っているわけではありません。その根底に、より深いスピリチュアルな理由が存在しているからです。

ラティハン体験の意義は、人間がスピリチュアルな真実を自分自身で体験する道が新たに拓かれたことにあります。はじめはまだ断片的であれ、私たちはラティハンを通してスピリチュアルな世界の真実を目撃させられるのです。それによって、それまで抱いていた心による認識がどれだけ事実からかけ離れているかを、人から教えられるのではなく、自分で知り、自分で理解するようになる。その結果、自分で自分の生き方を決めることができるようになる。それが、大生命力によって導かれるスブドのラティハン体験の意義であり目的であると言えます。

大まかな言い方になりますが、会員がラティハン中におこなう表現は、その人のそのときの内部感覚の中味をあらわしています。これは通常では誰も知ることができない自分の内側の真の姿、あるいはその一面です。ですから、自分のラティハンに常に注意深くあれば、そして、自分の日常行動を振りかえってみれば、自分の現在の内部感覚の状態を自分で知り、人間としての理想の状態に達するために、どれだけの浄化が必要であるかを知る手がかりが得られることでしょう。

こういう手段を除いては、人類が有史以前から長い時間をかけて、この世の生活のために欲望を追及し続けた結果、内部感覚の機能を犠牲にしてまで本来の自分の性質を劣化させてしまった状態から、人類を霊的に再生させる方法はないというのが、神のお考えだったのかもしれません。

また、それだからこそ、神はスブドのラティハンをこの世に送るにあたって、預言者を通じてアドバイスと警告を送るという過去のやり方はとらず、大生命力を直接この世に出現させるという、見方によっては、神ご自身がこの世に降りてこられるのと等しいような特別な手段をとられたのではあるまいか、私はそれがババの理解だったのだと思います。

しかしこういう言い方は、誤解を招きやすい上に、人間が理解し得る範囲を超えています。ですから話を変えることにしますが、スブドが宗教ではないとババがあれほど強調した背後には、こういう理由もあったのではないかと思うのです。

心と性格の汚れとしみ

浄化とは何でしょうか。

汚れたものを洗ってきれいにすることです。皮膚の汚れなら、風呂かシャワーで洗い落とすことです。しかし、ラティハンで浄化される汚れは、もちろん身体の汚れや垢ではありません。私たちの心の内側につけられた汚れ、しみ、欠陥です。

それはどんな性質のものでしょうか。

イエスは「口から入れるものがあなたを汚すのではない。口から出すものが汚すのだ」と言っていますが、私たちの心を傷つけ、汚すのは、感情や思考がつくり出す怒り、憎しみ、嫉妬、欲望、残酷さ、他人への無関心、優越感や劣等感等の負のエネルギーです。

私たちは往々にして、感情にかられて口走ったことを覚えていません。そして湧き起こった負のエネルギーが発散され、ある程度まで薄れると、そのことを忘れてしまいます。しかし実は、それですべてが終わりになるわけではありません。

充分に発散しきれなかったエネルギーの残滓が心の壁に浸透して、感覚を汚し、感情を汚し、思考を汚して、私たちの心身にしみついてしまうのです。こうして劣化した思考や感情は、一層負のエネルギーをつくりやすくなります。

派手に喧嘩しても、すぐに仲直りして後を引かない夫婦は、負のエネルギー残滓があまりたくさん残らないように、うまく発散しているのでしょう。

私たちは、ふつうではこの事実に気づきません。日々の生活を送る中で、自分の内側でこのような事態が起こっているとは想像もしません。それは、私たちが自分の内部で起こる出来事を感じとる力を失っているからです。

人間の体は、自分の外の世界を正しく認識し、自分の生活に役立てるために特化しています。私たちの眼も鼻も耳も、外に向かってついています。ですから眼は、自分の外の世界の状態を認識し、それを理解するためには卓越した能力を発揮しますが、自分の内側を見ることができません。耳もそうです。そして思考や感情も、自分の内的な状態を見ることができないだけではなく、この世を超えたスピリチュアルな真実を知ることもできないのです。

これまで私たちは、この事態を正しく認識しないまま、何事についても思考や感情の力に頼ってきました。スピリチュアルな真実の探求においても状況は同じでした。その結果、思考や感情が急速に発達する一方で、それらの活動を調整する内部感覚は衰えてきたのです。

なお、本書ではバパの言い方にならって、思考と感情という呼び名を多用しています。それは、この二つが心の二大機能と考えられるからです。したがって、それらを総合した形の「心」や、そこから派生する「欲望」、それらの主発点である「意志」という言葉はあまり使いませんが、思考や感情という言葉は、そのすべてをふくんでいるとお考えください。これらはみな同類で、もっぱら外の世界の認識のために与えられている機能であり、スピリチュアルな事物の認識のための機能ではありません。

他に類例のないトレーニング

ラティハンにおける、他に類例のない新しさの一つは、この点にあります。

ラティハンでは、思考と感情の力を一時的に抑えて意識の脇におきますが、これは私たち人間が自分の意志や努力でおこない得ることではありません。何らかの、人間以上の力の助けをかりなければ成しえません。

しかし、一般の人にとっては、そういう状態が存在し得ること自体がなかなか信じられないでしょう。ラティハンではそれが可能になり、神の力や、スピリチュアルな真実をはじめて直接体験することができるというのも、にわかには信じることが難しい認識です。

これまでになかったこうした新しい認識に対して、スブドは、それが正しいとも、そう信じるべきだとも主張しません。スブドが言えるのは、もし望むのであれば、誰でも自分で真偽を確かめることができるということだけです。

歴史は信念の時代から体験の時代に移りつつあるというババの言葉を、もう一度思いだしてください。ここで体験と言っているのは、この世の体験ではなく、この世を超えたスピリチュアルな領域に関する体験のことです。

これまで人間は、スピリチュアルな認識の真偽を確かめる手段を持っていなかったので、具体的にそれを確かめることができず、自分の「信念」を拠りどころにするほかありませんでした。そのため迷信も数多く生まれ、「イワシの頭も信心から」という言葉さえ生まれました。

スブドのラティハンは、他人が見たこと、言ったことを頼りにする必要がない、誰もが自分でやって、その真偽を自分で確かめることができる人類はじめての経験です。

ですが、ラティハンが他に類例のないトレーニングである理由はそれだけではありません。ラティハンは、それだけでは成りたちません。

ラティハン状態が出現して働くためには、もう一つ別の条件があります。それは、私たちの人間的魂が覚醒し、機能を回復させることです。

この世の強い圧力に囲まれて、魂が眠ったような状態になっていることはもう述べました。人間的魂には、スピリチュアルな宇宙とこの世の私たちの橋渡しをし、この世での私たちの生活をチェックし、必要に応じて指針や情報を伝達するという重要な役割がありま す（「人間的」とここで特にことわっているのは、魂の中には真に人間的な生命力ではなく、後に述べる人間以下の生命力が入り込んでいることがあるからです。その場合でも、魂は司令塔として人体をあやつることができます）。

そのためスブドでは、自分の人間的魂が自分の先生であり指導者であるという言い方をすることがあります。人間的魂の生命力は、通常の人間の生命力よりも高次の領域の力で、人生の方向や目的をふくめて、私たちの心が知っている以上のことを知っているからです。ただし、眠りこんだ状態では、もちろんその役目を果たせません。

マイナスの遺産

浄化には、さらにやっかいなことがあります。私たちが浄化しなければならないのは、自分がつくった汚れだけではなく、両親、祖父母、さらにそれに先立つ祖先によってつくられ、引き継がれ、子孫として最後に自分が受け継いだ汚れや欠陥をもふくんでいるからです。

私たちは、身体的特徴の一部を両親から受け継ぎます。そこにはプラスの特徴もありますが、マイナスの特徴もあります。ある病気にかかりやすい体質や遺伝的な欠陥もまじっています。

それと同じように、私たちは心の傾向の一部を親や祖先から受け継いでいます。その親や祖先も、さらにその親や祖父母から何らかの心や性格の特徴を受け継いでいます。

もしそんなふうに遡れば、彼らから受け継いだ心の遺産が、異物として私たちの内部に山積みになっていたとしても不思議ではありません。そしてその遺産は、残念ながらプラスよりもマイナスのほうが多いのが現実です。もしプラスの遺産の方が多ければ、時代とともに人間性が向上し、今では理想に近い社会が実現しているでしょう。

それらは、欲望に突き動かされた人間の感情と思考がつくり出した負のエネルギーで、怒り、憎しみ、嫉妬、自分本位、闘争本能、残酷さ、他人に対する無関心、理由のない優越感や劣等感などとしてあらわれます。

物理学には、エネルギー不滅の法則があります。いったんつくられたエネルギーは、決してなくなることがありません。水のエネルギーは、熱せられると水蒸気のエネルギーに変わり、水蒸気のエネルギーは蒸気で車を動かす運動エネルギーに変わりますが、エネルギー自体が消滅するわけではありません。

思考や感情によってつくられるエネルギーも同じです。プラスであれ、マイナスであれ、ある対象にエネルギーを向ければ、その対象の中に、反応としての別のエネルギーが生まれるでしょうし、もし対象が敏感な人であれば、それがその人にも感じられるでしょう。

さらに、マイナスのエネルギーを発散し消費しても、その残滓は必ず残ります。そして心身に付着し、汚れとしてたまっていきます。最終的には、それが心や性格を劣化させ、マイナスのエネルギーがさらにつくられやすくなります。

それはすぐには病気につながらないかもしれませんが、心理的なストレスと同じです。その都度は気づかないかもしれませんが、ストレスがある程度以上溜まれば、いつかは重大な心身の障害を引き起こします。

ババはそれを心の病であり、身体の病より重大な病気だと指摘しました。身体的な病は当人に害を与えるだけですが、気質や性格に欠陥がある人は、何百、何千もの他人を不幸に落とし入れる可能性があるからです。

問題は、人々がそれに気づいていないことです。というより、気づくことができないでいることです。

ほとんどの人は、気づかないまま無視しています。そして祖先から受けついだ欠陥を、自分にとって異物だとは思わず、むしろ自分の個性の一部として愛着を感じている人すらいます。

ババはそういう実態とともに、ラティハンが、それらの汚れや異物をすべて除去し、本来のピュアな自分を回復するプロセスであることを知ります。

しかし、このように徹底的な浄化は、人間を土台からつくりなおすような作業であり、多くの段階と膨大な作業量を必要とします。身体の浄化を手はじめとして、内面に向かって浸透し、感情、思考、意識の浄化に進んでいきます。

ババはそのすべてを経験させられたのですが、一般のスブド会員は、ゆっくりと時間をかけて少しずつその過程を体験することになります。

ですから、浄化にどれくらい時間がかかるかと聞かれても、答えることはできません。私たちは一人ひとり違っており、内側に貯めこんでいる異物の質も違えば、不純物の量も違い、浄化による変化に耐える内面の強さも違うからです。

身体のよみがえり

ラティハン体験とは大生命力との接触であり、大生命力が流入して身体の各部分が浄化されることだと書きましたが、具体的にそれは何を意味するのでしょうか。

それは、私たちの身体が生きかえることだ、とババは表現しました。

では、「私たちの身体が生きかえる」とは、いったいどういう意味なのでしょうか。

私たちの肉体は、生まれたときから生きています。ですから、ここでパパが言っている「生きかえる」というのは、この世でのことではなく、スピリチュアルな世界（あの世）からの視点で見れば、ということです。私たちの肉体は、まだスピリチュアルな生命を持っておらず、現在は死んでいるのと同然であるという意味です。これは、あの世での生活の土台となるべき霊的身体を、私たちはまだ持っていないことを示しています。


今年（二〇一八年）の前半、大きな科学的発見があったことがテレビ報道され、科学者をふくめ、多くの人を驚かせました。

これまでの科学常識では、人間の体は脳からの指令によって動いており、脳が人体の司令塔だとされてきました。『唯脳論』という本も出版され、ベストセラーになりました。これまで確実だと思われたその常識が根本からくつがえされたのです。

つまり、人体の臓器は、それぞれがまるで自分の意思を持っているかのように、自分の得た情報を他の臓器に発信し、他の臓器からの応答や情報を得ながら次の行動を決めているというのです。身体は、脳からの指令にただ従うという受け身の存在ではなくて、他のすべての臓器とつながって巨大なネットワークを構成し、互いに交信しながら働いているのです。

ババは、この新発見に近いことを当初から指摘していました。

科学の発見は物質的な人体のことであり、ババの指摘はスピリチュアルな人体のことという違いがありますが、ババは、もし私たちの身体が大生命力の流入によって生きかえれば、人体の各部分には自分が果たすべき役割が神によってあらかじめ書きこまれており、私たちが（脳を使って）いちいち指図しなくても、臓器は与えられた指示を自分で読みとってその役割を果たすことができる、と言っていたのです。

大生命力は魂を介して身体に染み込んでいきますが、それをババは「魂が身体に紹介される」行為だと表現しました。それまで身体の各部、各器官は人間的魂の存在を知らなかったが、魂の力が大生命力とともに自分たちの中に流入することによって、その存在をはじめて認識し、魂が自分たちの真の主人であることを認める行為であると説明しました。

では、そのとき何が起こるでしょうか。

たとえば、もしある人の脚が完全に浄化され、魂を介して大生命力に満たされると、脚はもう単なる物体ではなくなります。そういう人が道を歩いていて、もしうっかり溝にはまりこみそうになったら、当人よりも脚のほうが先に気づいて、溝を自動的によけて通るでしょう。

また、眼（見ること）が充分に浄化されていると、他の人と会ったとき、その人を見ることによって、どんな相手であるかがわかるでしょう。もし悪意を持った相手であれば、眼はまともにその人を見ようとしないで、自然に眼をそらしてしまうでしょう。もし賢く善良な相手であれば、自然に眼が大きく開き、相手を見つめるでしょう。

耳（聞くこと）についても、他の身体部分についても、同じことが言えます。

ババは、会員の誰もがこれを実際に経験することを期待しました。そして、自分でそれを体験できる浄化の段階に達していない会員たちにも、それが事実であると納得できるように、テストを使い、自分でそれを実感しやすいように助けました（第二部三章「テストという贈り物」参照）。

しかしながら、誰でもラティハンをはじめればすぐにこうした浄化の果実が手に入ると、安易に思い過ぎてはいけません。各段階の浄化には、それぞれ乗り越えなければならないハードルがあり、そのための条件があるからです。

第三章　スピリチュアルな宇宙

物質宇宙との関係

ババは、スブドのラティハンを「奇妙だがリアル」と述べました。常識で考えるかぎり、理解できない奇妙な体験であるが、この世以上に現実的な、リアルでスピリチュアルな体験であるという意味です。

ラティハンは、未知の領域への探検旅行に近いところがあります。

これまで何度も言ってきたように、私たちは何を考え、何を意図し、何を望むにしても、そこには必ず思考と感情が介在していて、私たちが眠っている間も働いていいます。そこで見る夢は、現実とは関係ありません。

しかし、正夢とか逆夢という言葉があるように、夢は時として、この世を超えた未来の出来事、私たちが知り得ないはずの遠くの出来事を知らせてくれることがあります。そしてそういう夢は、しばしばこの世の現実以上のリアリティ（強い現実感）をともなっています。

このことは、思考と感情が働かないで休んでいる睡眠中であっても、私たちの内部がこの世を超えた別の次元と接触し、そこから情報を携えてくることがあることを示しています。

しかし、これもすでに述べましたが、その機能を担当している内部感覚が今では衰えていて、私たちは思考や感情をコントロールすることも、夢の内容を左右することもできません。バパを通じてもたらされた、常識に反する奇妙なラティハン体験は、そういう状態に陥っている人間に与えられた、大生命力という未知の力からの助力の手かもしれません。

では、そのラティハンを通じてバパが知ったスピリチュアルな宇宙とは、どんな宇宙なのでしょうか。

多くの人は、自分の住んでいる物質的宇宙が、存在する唯一の宇宙だと思っていますが、それは本当ではありません。

最近の急速な観測機器や技術の進歩によって、宇宙は想像していた以上に広大な広がりを持っていることが確かめられています。私たちの太陽が属する天の川銀河には、一千億個以上の恒星や惑星などの天体があり、宇宙全体には、同じような銀河が一千億個あるというのです。まさに想像を絶する大きさです。

しかしババによれば、その広大な物質宇宙も、スピリチュアルな宇宙の広がりに比べれば、その底辺を占める小さな領域にすぎません。物質的宇宙の上方に、物質的宇宙を内部に包みこんで、より広大な宇宙が広がっているのです。それは、スピリチュアルなバイブレーション（波、振動）で構成されている領域です。

この言い方ですと、バイブレーションの最下層の濃密な部分が物質であるということになりますが、従来の物理学の定義に従うと、それは論理的に矛盾していて受け入れがたい考えでした。

物質とは、固い剛体である粒子が集ったものです。そしてある瞬間には、ある特定の空間を占拠し、別のものは同じ場所に同時には入れない、入ろうとしたらぶつかってしまうというのが物質の基本定義です。私たちが、泥棒の侵入を防ぐために、家に塀や壁をつくり、扉に鍵をかけるのは、物質のその性質のためです。

一方、バイブレーション（波）は、空間における広がりで、ある特定の瞬間に特定の場所に存在するのではなく、ある一定の確率の範囲内で、空間のあらゆる場所に存在します。

物質とバイブレーション（波）の二つは、性質が異なる別の存在で、一つのものが両方の性質を持つことは絶対にない、というのが従来の物理学の常識でした。

しかし、この古典物理学の常識は、素粒子の研究と量子物理学（量子論）の出現によって根本からつき崩されてしまいました。

あらたに物質の最小単位であることが判明した、素粒子が持っている性質と、その振る舞い方は奇想天外なもので、人間の常識にも、それまでの物理学の法則にもまったく当てはまらないことが明らかになったのです。その一つは、素粒子は粒子であるとともに波でもあるということです。すなわち、ババの説明は学問的に矛盾しているとは一概に言えなくなったということです。

超心理学で研究されているテレパシーなどを、量子論によって説明しようとする試みもすでにはじまっているようですが、そこまで一足飛びにジャンプするのは時期尚早かもしれません。

とはいえ、量子論によって与えられたショックは非常に大きく、学問の世界で大きなパラダイムシフト(社会の思想や価値観が劇的に変化すること)が起こりつつあるのも確かです。

過去のパラダイムシフトとしては、天文学における天動説から地動説への移行が典型例としてあげられます。太陽も星々も地球の空の天井にへばりついて回っているという天動説よりも、地球のほうが大きな太陽の周囲を回っているという地動説が正しいとされたことで、宇宙と人間のあり方が一変し、それがきっかけとなって、キリスト教が支配する中世から、ルネッサンスを経由して近代社会へと移行する大変動を引き起こしたパラダイムシフトです。

量子論が引き起こそうとしているパラダイムシフトは、それよりもっと大規模で、より根本的なものだと予想する人も少なくありません。ただ、その方向や結果が私たちに明らかになるのには、五十年、百年という単位の時間が必要かもしれないとも言われています。量子論は難しい学問で、それを解説するのは私の手に余りますが、素粒子の世界がいかに奇妙で私たちの常識から離れているかを、私が理解できる範囲内で書いた「量子論の衝撃」というコラムを付記しますので、もし興味があればご覧ください。その奇妙さ、不思議さは、あるいはラティハン体験に勝るかもしれません。

ババが示したスピリチュアルな宇宙の構成に話を戻しましょう。ババによれば、宇宙は七つの階層の生命力の世界で成りたっています。その最下層が物質世界です。物質世界に住む私たちは、それ以外の世界とは死という壁によって完全に隔てられています。

最下層ということは、もし宇宙が神の性質の限定的な表現であると仮定すると、物質世界は神の性質の中で最も狭い、低次の部分の表現ということになります。その世界を律して秩序を保つためには、多くの制限や法則を課さなければなりません。私たちが住む物質世界には、多くの物理的、化学的法則があって、秩序を保っています。私の独断的解釈ですが、物質世界の秩序を維持するために、これほど多くの法則が必要となるのは、宇宙の中での物質世界の階層の低さにも関係しているのではないでしょうか。

物質は、本来の母国である物質世界では、ほぼ永遠に近く存続することができます。しかし、動かされたときに動くことができるだけで、自分で動くことはできません。そして動かされて動くときも、その方向や形式は厳密に決まっています。そこには自由意志を働かせる余地はありません。まして物質より上位の存在である植物、動物、人間が持っているような、生きて表現する意志や、他に対する配慮は一切存在しません。

火山の噴火や津波で何千人が死のうとも、物質は意に介しません。しごく当たり前のことにすぎず、残酷などとは少しも思いません。物も思いを持つかもしれませんが、おそらくその内容は人間のそれとはかけ離れています。

人間の魂は物質ではありませんが、人間が地上の生物としてつくられている以上、この世の掟と制限には従わざるを得ません。それゆえ人間は、この世をきわめて制限の多い不自由な世界だと感じる場面にしばしばぶつかります。そして、もし神が宇宙の創造主であり愛であれば、なぜこんな不条理な世界をつくったのかと考えます。

しかし、ババが知ったことによれば、これはまったくの誤解です。神はこの物質界を天国としてつくったのではなく、最下層の世界としてつくったからです。ならば、私たちの問いかけは「なぜ神はこんな世界をつくったのか」ではなく「人間は物質ではないのに、なぜこんな世界で生きなければならないのか」になります。

人間が常に自由を渇望する原因も、そこまで遡るかもしれません。実際、宇宙秩序のなかでは、上にあがればあがるほど自分を縛る制限が減り、自由度が増すと考えられるからです。

人間的魂の故郷

ババが示した七層の宇宙とは、下から上へ、

物質的生命力の世界

植物的生命力の世界

動物的生命力の世界
通常の人間的生命力の世界
ロハニの世界（完成された人間が持つ生命力の世界）
ラフマニの世界（ロハニ以上に高い生命力の世界）
ラバニの世界（ラフマニ以上に高い生命力の世界）
です。

私たちはふつう、物質は生命がない死物だと考えていますが、ババは物質にも生命があると捉えていました。そして他と並ぶ生命力の一つとして、物質的生命力と呼んでいました。彼は、物質の最小単位の素粒子の一つである電子が原子核のまわりを飛び回っていることを聞かされて、物質も生命力のあらわれであるという彼の洞察が科学によっても裏付けられつつあると感じたようです。

これら七層の世界は、それぞれが独立した存在ですが、物質、植物、動物、通常の人間という下位の四つの生命力は、人間の外にあるだけではなく、私たちの人体の内部にも存在しています。これらの生命力は、母親を通じて、あるいは食べることを通して体内に入ったのです（食物のなかの生命力はスピリチュアルなエネルギーですから、食物が煮炊きされても死ぬことはありません）。

これらの生命力は、人体を構成している重要な要素として昼夜活動しています。人体を維持するとともに、人間のこの世での生活を支えています。私たちの認識も、感情も、思考も、下位の四つの生命力の助けがなければうまく働きません。

活動によってエネルギーが消費されると、私たちは食事をとることで補います。物質世界であるこの世では、物質以外の存在は、常にエネルギーを補強していないと生きていけません。これは生き物にとって、食べることがいかに重要であるかを示しています（モグラは一日食べないと死んでしまいます）。また、おいしい食べ物によって幸せな気持ちを味わうことができるのもこのためです。ただし、通常の人間の生命力だけは、食べることによってではなく、性交渉を通して私たちの内部に取りこみます。

これらの力は、人間がこの世界で人間らしく生活するのを助けるために、身体の活動に参加している協力者、あるいはアシスタントです。

もし、私たちの内部に物質的生命力が存在していなければ、私たち人間は、物を物として認識することも、物の持つ性質を理解することも、物を使って自分にとって必要な家や衣服や器具や機械を工夫してつくることもできなかったでしょう。

また、もし私たちの内部に植物的生命力が存在していなければ、食物を通してそのエネルギーを取りこむことも、それによって私たちの身体をつくり上げて維持することもできなかったでしょう。人体のほとんどは植物的要素でつくられています。

また、動物的要素を内部に持っていなければ、困難に立ち向かう勇気も情熱も充分に持てず、忍耐も根気も不足したことでしょう。

通常の人間の生命力は、人間が動物とは異なる生き方をするのを助けます。一部の動物は伴侶を愛し、家族を愛し、仲間を愛することができますが、彼らの世界はその範囲にとどまり、それを越えて広がることはありません。

彼らは人類とか真理といった抽象概念とは無関係です。共感も限られていて、他の不幸に過度に心を悩ますことはありません。それが動物の世界であり、そこで許されることであれば、敵や餌食に対してどんな残虐な仕打ちでもためらうことなく実行することができます。

動物と違って、人間は、もっと視野を広げ、より大きな世界を生きることができます。世界に関する知識を広げ、多様な生き方を選ぶことができます。他人の不幸に配慮し、助けたいと思います。芸術や文化を発達させ、文明社会を築きます。

しかし、通常の人間の生命力にも欠点があります。プライドが高く、神の代わりに自分を信じようとし、他人を自分の影響下におこうとします。しかも自己関心から逃れられず、もし何か間違いを犯すと、他人をそこに巻きこんでしまいます。

宇宙を構成しているのは、下部の四つと、それよりもさらに高い三つの生命力の世界です。ババは、高い三つの世界は人間を超えていて、思考や感情では考えることも、思い描くこともできないとして、ほとんど何も語りませんでした。ただ、それらの名前について、ロハニは人間として完成した存在（完成人）のことであり、ラフマニは神の慈悲、ラバニは神の創造に関連していると言っただけです。

それでも、上から三番目のロハニは、私たちと特別な関係にあります。完成した人間存在という名前からも想像できると思いますが、ロハニは私たちの死後の世界における目的地であり、人間的魂の故郷です。

それは何を意味するかというと、人間の魂はロハニの生命力を中味とするように神によって意図されており、最初につくられた人間をアダムというとすれば、アダムはロハニの世界の魂であったということです。

アダムはロハニの世界にいたときには物質的身体を持っていませんでしたが、自由に何でもすることができました。そのアダムが、地上の物質的存在としての人間（すなわち人体）の創造が完成したとき、その人間の魂の中味となる役割を負って地球に送られたのです。その結果アダムは、地上社会では、与えられた身体機能を通してしか活動することができなくなりました。

その目的について、ババは、ロハニの魂にとってこの地上世界がどういう世界であるかをみずから体験し、その経験と知識を携えてロハニの世界に戻ることが、ロハニをふくむ人間以上の世界にとって重要な意味を持つからであると述べています。

そして、なぜそれに「人間的」という言葉をつけて、わざわざ「人間的魂」と呼ぶのかというと、物質の身体を土台に持つ人間は、本当なら、通常の人間の生命力を魂の中味として持つのですが、アダムが地上に送られたことにより、通常の人間の生命力よりも高いロハニの生命力を魂の中味とする真の人間が誕生したからです。それでも人体という土台は変わりませんから、人間は、もっと下位の物質的、植物的、動物的生命力を魂の中味とすることもできます。実際、そういう例は決して珍しくありませんが、それが起こるのは人間自身の過ちによります。

より具体的に言えば、夫婦の交わりの際の状態が関係すると考えられます。もし彼らの心が現世的な欲望だけで満たされているのであれば、彼らの交わりによって子どもが宿るとき、子どもの魂に人間以下の生命力が入りこむ可能性が多くなります。性の交わりによって、夫は妻と、妻は夫と、通常の人間の生命力を交流させ、自分のなかに取りこむことができますが、それ以上に、性の交わりを通して子どもを産むことは、神の創造の行為を人間レベルで真似て再現することでもあり、神の代わりになって人間の子孫を産むことでもあるので、それなりの心構えが必要になってくるのです。

欲望だけを心の中味として男女が交わることは、下位の生命力を子どもの魂の中味として招いているのと変わりがありません。教育もあり、多くの人に尊敬され、徳も高い立派な人に、時としてなぜと思うような「不肖の子」が生まれるのは、そこに原因があるとババは指摘しています。

ババは、ロハニについてほとんど何も話しませんでしたが、あるとき、私たち通常の人間はそれぞれ別々な「魂」を持っているが、ロハニにおいては「人間的」魂はひとつの存在であり、一体であると言われたことが記憶に残っています。

それゆえ人間は、もし広い受容の心を持つことができれば、この世においても人類の一体感を感じられる可能性があります。しかしこれはババの言葉の受け売りであって、筆者はそれが具体的にはどういう内容なのかを説明できませんので、ババの言葉の紹介だけにとどめます。

話をもとに戻しますが、宇宙には七層の世界のほかに、さらに高い根源的な神の力が存在しています。その一つはロホ・イロフィで、ババが「大生命力」と呼んでいる力です。この力は、神の創造の力で、七層の世界すべての奥底をつらぬいています。

もう一つは、ロホ・クドゥスと言い、宇宙を外側から覆っています。クドゥスとは天使たちのことです。

大生命力は、七層の世界をつなぐ通路（天国への階段）にもなっています。下位の世界で向上し、上の世界に上がることになった魂は、この通路を通って上がっていきます。スブドのシンボルマークである七つの同心円は、七層の生命力の世界を表しており、それをつらぬく放射線状の線は大生命力を表しています。マークは紙の上に二次元で描かれていますが、ババは三次元の球体の重なりとして思い描いた方がよいとアドバイスしています。

以上、駆け足の記述でわかりにくかったと思いますが、これがババの説明した宇宙の基本構造です。スブドにおいて、これが教えでもドグマでもないことは、改めて繰りかえすまでもないでしょう。

下位の生命力の影響

生命力のなかで、下位の四つは私たちにとって特に重要な意味を持っています。私たちのほとんどの身体的機能は彼らの協力によってつくられており、彼らは私たちと一体となって、人間の知情意の活動にも参加し、それに強い影響を与えているからです。

ババは、物質的生命力と人間の思考とは親和性があると言及していますが、人間が物の性質や法則を使って自分の生活に必要なものをつくり出し、それを操作するなかで、思考には物の持つ性質のいくらかが吸収されて、その色がつきます。そして、自分がつくったもの、使っているものを愛するようになります。

物に執着するあまり、神に代えて物を頼りにする人がいます。金は物の象徴ですから、そういう人にとっては富が崇拝の対象となり、富を蓄積することが情熱となります。

たとえば、少し給料が多いからといって、同僚に対して優越感を抱き、雇い主に対する忠誠心を高める人がいます。美しく着飾ることで、粗末な服装の人を見くだす女性もいます。武器を手に入れたことで、自分は強くなったと感じ、粗暴な振る舞いに走る人もいます。

物質は、自分以外のものには完全に無関心で、他に対する配慮も、慈悲の心もありません。この性質に強く染まった人は、傲慢で、不和や口論の種をまき、他人には冷淡で、無慈悲な性格を身におびます。

植物的生命力に強く染まった人は、別の影響を受けます。物は自分から動くことができませんが、植物は養分をとって成長することができます。植物が持つ飽くなき成長意欲に影響を受けると、人は働き者になります。

しかし、他人に対する配慮を欠いている点では、物質とあまり変わりがありません。他人と競い合うと、他人を蹴落としてでも勝って一番になろうとします。そして、常に最も賢くあろうとし、貪欲で、他人に追い越されるどころか、他人と同等であることすら好みません。

動物的生命力も人間のエネルギー源の一つです。動物になると行動範囲が広がり、仲間との関係が生まれ、異性を追い求めます。人間がこの世で生きぬくためには、多少の困難は乗り越える情熱と意志の強さが必要ですが、動物エネルギーはその強さを補ってくれます。しかし、見たもの、考えたものを所有したいという欲望に駆られ、弱者には無慈悲で、獲物を手に入れるためには、どんな残忍な行為もいといません。

通常の人間の生命力によって、私たちは動物と異なる生き方をすることができます。この生命力によって、人間は、下位の三つの生命力から生じる欲望を制限し、節度を保つことが可能になります。この生命力の影響を受けた人は、穏やかで、他人に道を譲り、調和を好みます。そして神への礼拝と人間としての義務を思いだすことができます。困っている人がいれば助けてやりたいという気持ちが生まれます。社会が誕生し、文化が育ち、文明が発展します。

しかし、そこにはまだ欠点があります。それは、基本的に、自分の利害への関心という欲望からは離れることができないという点です。そのため自分本位な行動を免れることはできず、自分が誤ったとき、他人をその間違いに巻きこむ傾向があります。

この四つの生命力は、私たちのこの世での生活に絶対に必要なもので、それがなければ、人間は働くための熱意を持つことができません。しかし、ババは同時に「欲望がその場に存在しているとき、神はあなた方に何も与えることはできない」と述べています。

この厳しい言葉は、一見すると、非現実的な要求のように思われます。人間が人間である以上、自己関心を捨てることは不可能だからです。それを可能にするためのの手段です。そして、ラティハンで与えられる恩恵は、下位の生命力の恩恵とは完全に次元を異にする、人間を超越した源からの恩恵であり恩寵であることを示しています。

富や金を希望するのはこの世では当然のことです。しかし、適切な歯止めがなければ、所有欲は貪欲さに変わり、持つことの少ない人たちを差別します。

自尊心は必要ですが、人間的魂の監督を受けないと、根拠のない自己愛に変化し、プライドを傷つけられるとマイナスの感情を抑えることができません。

人生の勝利者になりたいと願うのは当然ですが、下位の生命力に操られると競争相手を引きずりおろそうとし、他人の不幸や苦しみに意を払わなくなります。

人体の内部で働いている物質、植物、動物、通常の人間という生命力は、それぞれが私たちの人生の協力者であり、不可欠なアシスタントですが、人間的魂という監督者がいなければ、その本来の役割を適切に果たすことができません。自分のレベルに合わせて勝手に行動し、暴走するかもしれません。

パパは、そういう人間の状態を、一軒の家を建てようとしている人になぞらえて説明しています。

家を建てようとすれば、建築家のほかに、製図家、現場監督、大工、左官、配管工、下働きの労働者が必要です。彼らは建築家の指示に従って仕事を与えられ、互いに協力しながら働かなければなりません。建築家が左官の代わりに壁を塗ろうとしてはいけないし、労働者が建築家に代わって指示を出してはなりません。まして横から他人の仕事に手を出して、その支払いを要求するようなことがあってはなりません。

しかし今、人間の内部で起こっているのは、まさにそういうことなのです。そのために生命力の間で権力闘争のようなものが起こり、主人である人間的魂はその役割を果たせずに眠りこんでしまい、権力闘争に勝利した下位の生命力が主人顔をして人体を操作しているのです。

ラティハンは、主客転倒したこの混乱状態に終止符を打ちます。ただ、そのためには、自分のなかの下位の生命力、それぞれの存在と働きぶりが認識できなければなりません。認識のためには、並外れてピュアで繊細な内部感覚が必要になります。

スピリチュアルな世界を構成している微細で精妙な力を感じとり、それらが自分の内部でどのように働いているかを知ることが、実際に私たちに可能なのでしょうか。

ババは『スシラ ブディ ダルマ』のなかで、その状態をラティハンによる浄化の最終段階としてくわしく説明しています。

ですから、それが可能であるのは確かでしょう。しかし、私にはそれが一生をかけても到達できるかどうかわからない高い目標であり、私自身、その最終目標へ向かう旅路の途中にいることは実感できても、それ以上何も言うことができません。

私は非常に多くをスブドから与えられましたが、浄化に関してはまだ「前途、道遠し」と思わざるを得ないからです。

ただ、私自身の経験を言えば、今の段階で心がけていることがあります。下位の生命力それ自体を感じることはまだできなくても、それぞれの生命力がつくりだす負のエネルギーの働きを早めに感じとることです。各生命力がつくり出す負のエネルギーは、負の考えや感情として具体化します。その兆候をいち早く感じとり、ラティハンに近い心の状態でその動きを静めることで、間接的に生命力のコントロールをはかるのです。

ババは、生命力を直接認識する段階を「準備」と呼んでいました。死後、人間としての完成であるロハニの世界に引き上げられるための準備という意味でしょう。その世界は人間以上の世界であり、神の力によって引き上げられなければ入ることができない天界です。古くから宗教で「神の国」とか「天国」と呼ばれた領域は、その別名かもしれません。

第四章　ババの使命

昇天経験

こうして、ババの体験は宇宙の構成にまでおよびましたが、彼は自分のラティハン体験をすぐには人に語りませんでした。まだその時ではないと感じたのです。

一千夜の特別トレーニング終了後、ババはふだんの生活に戻り、家族を養うために仕事に専念しました。しかし三十二歳のとき、決定的な、さらに思いがけない経験が訪れました。昇天体験です。

彼はまだ子供のころ、夢のなかで黒ずくめの男から、三十二歳で神から呼ばれると告げられました。その予言の謎を理解するため、彼は評判の高い何人もの導師のもとを訪ねましたが、誰からも答えが得られませんでした。

しかし、三十二歳で実際に起こったのは、身体の死ではなく、天上に引き上げられ、スピリチュアルな宇宙を旅することでした。イエスや預言者ムハンマドが体験したとされる昇天体験です。

そのときババの魂と意識は地球を離れ、太陽が属する銀河系宇宙からも離れて、七層の天界を旅しました。そして、二十四歳のとき彼に与えられた大生命力との接触は、人類に対する神からの新しい賜り物であること、そのラティハンを人々に伝えて、大生命力との接触を世界中の人々に伝えることが彼に与えられた使命であると知らされます。

その昇天の様子を、自叙伝のなかで彼は次のように述べています。

私は自分自身が伸び、広がり、球状にふくらむのを感じた。そして突然、何か巨大な物体から解放されたのを感じた。ちょうど、宝石が、はめこまれた台座から外されたかのように。ふと気がつくと、私は茫漠とした空間のなかにいた。

はるか前方には、一群の星が、イヤリングのダイヤモンドのようにきらきらと輝いていた。あれは何だろうと自分に問いかけた。すると、あれは自分が離れてきた宇宙だという答えを受けた。私は死んだものと思い、アッラーフ・アクバル、アッラーフ・アクバル、アッラーフ・アクバルと唱えつづけた。

その途端、私はものすごいスピードで突き進んでいった。途方もなく広大であった。やがてかなたに山が見えてきた。その山は七つの円錐形の光のようなものが積み重なったもので、その一つひとつは白く輝く光の紐でつながれていた。私は一番下の円錐に近づいて、そのなかに入った。入ってみると、ものすごく広大な展望がひらけた。こんな広々とした光景を見たのは生まれてはじめてだった。

彼はそれから第二、第三の円錐の山に進み、第六の山に達したときには、自分がまったくの無力であると感じます。そして第七の円錐に引き上げられましたが、そこにはもう彼がめざすべき方向も、進むべき進路もなく、ただアッラー、アッラーと唱えることしかできなくなります。

しかし、不思議にもその空間からは、はるか遠くのありとあらゆるものが、まるで眼前にあるかのように見えました（たとえば彼は、自分の息子がベッドから半分ずり落ちそうになって寝ているのを見ることができたと述べています）。

彼の自叙伝はきわめて簡潔で、体験したすべてを語ることはありませんでした。そのため、彼は何度も原稿を修正しています。たとえすべてを話しても、おとぎ話として誰も信じてくれないだろうと彼は述懐しています。

しかし、特に、その後のスブドの発展と結びついていると思われる体験については語っています。そのなかに二冊の本の話があります。

世界旅行への旅立ち

ある夜、ラティハンの後で、彼がズィクル（アッラーの名を繰りかえし唱えること）をしながら座っていると、突然、地図帳ほどの大きな本が膝の上に落ちてきました。

最初の頁を開けると、ガウンをまとった人物が載っており、下にアラビア語の説明が書いてありました。そして彼がアラビア語を読み終らないうちに、それが「預言者ムハンマド、神の使者」というラテン文字に変わりました。彼がそれを読むと、ガウンの人物はうなずいて満足そうに微笑しました。

もちろん彼は、本のなかの絵が動いたり笑ったりするのをそれまで見たことも聞いたこともなく、すっかり驚いてしまいました。そして、明日になったら妻に見せたいと思いながら、次の頁をめくりました。

二頁目は、肌の色や人種が異なる人々の絵でした。しばらく見ていると、これらの人々は生命あるもののように、それぞれ自分のリズムに合わせて動きだしました。

三頁目をめくると、二頁と同じような人々の絵でしたが、みな生きて、動いたり話したりしていました。祈っている人もあり、罪の許しを神に乞うて泣いている人もいました。

ここに至って一段と驚きを深め、彼は本を閉じて、胸のところにしっかり抱きしめました。そのとたん、狼狽する彼を残して、その本は消え失せ、その重量感だけがしばらく胸に残っていました。

それからしばらくして、また別の経験をしました。夜、ラティハンの後でズィクルをしていると、膝の上に、突然辞書のように厚い本があらわれました。開けてみると、頁数は多いもののすべてが白紙でした。

「こんなに頁があるのに、何も書いていないとはいったいどういうことか」と、いぶかしく思って自分に問いかけると、まばたきもしないうちに、最初の頁に言葉があらわれました。

「この本には、質問されたことだけが記されるであろう」

思いもかけない出来事に彼は眼を見張りましたが、神に全託する気持ちで、思い切って次の質問をしました。

「私が前に受け取った本の用途と目的は何でしょうか。そしてこれから先、私に何が起こるのでしょうか?」

すると答えが記されました。

「あの本は、将来お前の義務となるものを示したものである。義務とは、人々が全能なる神の前で自分のすべての罪を悔い改めることを願い、忍耐と受容と服従の気持ちで、全能なる神に全託することを願うとき、その人々（の魂）を目覚めさせることである」

彼は続いて幾つかの質問をしましたが、受けた答えにはこのようなものがありました。

「今後、大戦争が勃発し、その後に、オランダに占領されているジャワその他の島々は解放されるであろう。そうなったときには、お前は世界中を旅して、お前が今従っているラティハンを広めることが、義務となるであろう」

彼はそれを読んでも、嬉しくも楽しくもありませんでした。彼の感じたのは完全な無力感で、神に対して無力な自分であるという自責の念で涙が流れました。そこでこう質問しました。

「私は無知で、貧しく、知識もないのに、いったいどのようにしてそんなことができるのですか?」

すると答えが記されました。

「お前はこの啓示を信じなければならない。全能なる神は、万物に対して力をお持ちである。神は宇宙の創造主であり、万物はその宇宙の内部にあるのだから」

そしてやがてこの本も、前の本と同じように、膝の上から消え失せました。

どんな質問に対しても答えがあらわれ、しかし聞かれないことについては何も書かれないというこの不思議な本は、まるで彼のなかに入り、彼の内部感覚の一部になったかのようでした。なぜなら、そのとき以後、彼はどんな疑問でも、自分自身に対してそれを問うと、直ちにその答えが浮かぶようになったからです。


その本で告げられた大戦争（第二次世界大戦）と、インドネシアのオランダからの独立、そして彼の世界旅行は、それから二十年たった一九五七年に実現しました。それ以後、彼は何度となく世界を回り、求める人たちをオープンし（第二部、一章参照）、ラティハンの意義を説明してまわりました。

それらのトーク（談話）はすべてスブド会員を対象にしておこなわれ、ババの貴重な遺産として会員の重要な情報源になっています。しかし、ラティハンとはどんなものかをまだ体験していない人が読むと、正しく意味が伝わりにくく、誤解をまねくおそれがあります。そのため一般には公開されていません。

スブドのラティハンは、ババがつくったものではありません。人間を超えた源から与えられたものです。ですからババは、自分がラティハンの制作者であるとか、古代の預言者のような特別な人間だと見られることを徹底して拒みました。ラティハンは神から全人類に与えられた賜物であると考えて、会員たちが、その価値と意義を明らかにすることを期待していました。

「すべては神から出て、神に還る」という言葉があります。

神は無限であり、宇宙も広大無辺です。ですから、神に還る道も、無限に近い距離があり、無数の道筋があり、無限に近いほどの時間を要するのだとしても、あながち不思議ではありません。

ババはこう述べています。

「聖なる書物で言われていることだが、生命の完成に至る道は、人間がつくったり、探求したり、計画することはできず、全能なる神のみがつくられる道である。人間に必要なのはただ全託すること、受け入れ、喜んで手離し、全託することである。

もし仮に人が、一歩また一歩、一地域また一地域、一つの道また一つの道を通って探訪しようとしても、この世界から天国、すなわち神と呼ばれる段階まで旅するためには、何億年必要になるか、計算することもできないであろう」


神の恩寵によって、スブドのラティハンは、神への距離と時間を大幅に短縮することができるとババは理解していました。またババは、神の力との接触は、はじめから存在した、人間の本来的な権利であると捉えていましたから、ラティハンでの大生命力との接触は、自分の過ちでその権利を行使できなくなった人類を助けるために、魂が神に還る道が一つ新しくつくられた、あるいは失われた通路が回復されたという意味合いになります。

スブドは五〇年代から六〇年代にかけて、奇跡的なスピードで五つの大陸の多くの国々に伝えられましたが、会員はまだ少数です。

その理由は幾つもあるでしょうが、ラティハンの前提となっている、思考や感情につい

郵 便 は が き

恐縮ですが
切手を貼っ
てお出しく
ださい

1 6 0 - 0 0 0 4

東京都新宿区
四谷4－28－20

(株) たま出版

ご愛読者カード係行

書 名				
お買上書店名	都道府県 市区郡 書店			
ふりがな お名前		大正 昭和 平成 年生 歳		
ふりがな ご住所	□□□-□□□□		性別 男・女	
お電話番号	（ブックサービスの際、必要）	Eメール		

お買い求めの動機

1. 書店店頭で見て　2. 小社の目録を見て　3. 人にすすめられて
4. 新聞広告、雑誌記事、書評を見て（新聞、雑誌名　　　　）

上の質問に 1. と答えられた方の直接的な動機

1. タイトルにひかれた　2. 著者　3. 目次　4. カバーデザイン　5. 帯　6. その他

ご講読新聞　　　　新聞	ご講読雑誌

たま出版の本をお買い求めいただきありがとうございます。この愛読者カードは今後の小社出版の企画およびイベント等の資料として役立たせていただきます。

本書についてのご意見、ご感想をお聞かせ下さい。 ① 内容について ② カバー、タイトル、編集について
今後、出版する上でとりあげてほしいテーマを挙げて下さい。
最近読んでおもしろかった本をお聞かせ下さい。
小社の目録や新刊情報はhttp://www.tamabook.comに出ていますが、コンピュータを使っていないので目録を　　希望する　　いらない
お客様の研究成果やお考えを出版してみたいというお気持ちはありますか。 ある　　ない　　内容・テーマ（　　　　　　）
「ある」場合、小社の担当者から出版のご案内が必要ですか。 希望する　　希望しない

ご協力ありがとうございました。

〈ブックサービスのご案内〉

小社書籍の直接販売を料金着払いの宅急便サービスにて承っております。ご購入希望がございましたら下の欄に書名と冊数をお書きの上ご返送下さい。

ご注文書名	冊数	ご注文書名	冊数
	冊		冊
	冊		冊

ての新しい認識が、一般の私たちの常識とはかけ離れていて、すぐには理解しにくいことが原因の一つでしょう。

スブドはあまりにも先駆的で革新的です。長年ラティハンを実践してきた著者としては、いつかその価値が人々に認められることを希望しますが、おそらく時間がかかることでしょう。

ババは一九八七年に亡くなりましたが、彼に与えられたのと同じ大生命力との接触と、それにともなう人間的魂のめざめは、世界の多くの国や地域で、すでにスブド会員である人を通じて受けることができます。

【コラム・大生命力についての対話】

大生命力に関して、ロバート・ライルが、著書（日本語訳『スブド―― 内なる生命との出会い』メルクマール）のなかで、ババが最初の世界旅行でカトリックの修道士の質問に答えた、興味深いやりとりを引用しているので、転載します。

（問） ババはどうして大生命力との接触を受けたとわかったのですか。

ババはある個人的な体験をしたのです。ババはこの体験については何も言えません。神のみが、それが啓示であったかどうかご存じです。ババは自分自身を他の人と、たとえば預言者と比べることはしません。ババが知っているのは自分が経験したことだけです。ババは受けたことに従いましたが、そうすることが神のご意志だと感じたからです。そして経験以外には何もありません。

（問）　大生命についてですが、ババは西欧におけるカテゴリーに含まれていないことに言及されています。この大生命力の本質は何ですか。

それは神ではありません。神がつくった根源的な力です。被造物に神の命令、神の戒律をもたらすのはこの力です。

（問）　その生命力はひとつの人格でしょうか。人間の心の深みで語りかけることができるようなものでしょうか。それとも非人格的な原理でしょうか。

大生命力は人格的なものではありません。それはありとあらゆるもの、最も純粋なエッセンスから最も粗雑なものに至るすべてに浸透します。この大生命力は、たとえば第七段階の「聖なる魂」のように、物質とまったくかかわりを持たない個別の存在ではないのです。そうではなく、大生命力はすべてのもののなかに入っていきます。

ババは、ラティハンは神からの贈り物であり恩寵であると言いましたが、それが神からの啓示かどうかには一生答えませんでした。

【コラム・量子論の衝撃】

今年（二〇一八年）四十歳以上になられる方は、ニュートンなどが完成させた古典物理学に従って、物質の最小単位は原子であり、元素は原子の集合体であると学校で教えられたはずです。原子は粒子（個体、剛体）ですから、その集合体である物質宇宙だけが、存在する唯一の実在であると。

しかし一九世紀末から二〇世紀にかけての観測装置の画期的な進歩によって、原子はより微細な素粒子の集まりであり、古典物理学は素粒子にはまったく当てはまらないことが明らかになりました。

量子論（量子力学）の誕生です。

そこで発見されたのは、素粒子の一種である光子や電子は、粒子としての性質を持っているが、それとは相容れない波としての性質を同時に重ね持っているという信じられない事実でした。

固体である粒子は、ある瞬間には空間のある場所を占拠していて、他の固体が同時にその場所に入ろうとすれば、ぶつかってしまいます。私たちが、壁をつくり、鍵をかけることによって、他者の住居侵入を防ぐことができるのはそのためです。

しかし波はひろがりであり、ある瞬間に特定の一カ所だけに存在しているのではなく、一定の確率の範囲で空間のあらゆる場所に広がっていると考えられます。その性質を重ね持つということが本当にあり得るのでしょうか？

しかしそれが物質の最小単位である素粒子の世界の現実なのです。そこでは人間の素朴な直感や常識は完全に否定されています。

量子の不思議な性質をもう一つあげましょう。

量子ゆらぎと呼ばれる奇妙な関係を持つ一対の量子があります。この両者は、宇宙のどの場所にいようと、自分の状態を瞬時に相手に伝えることができます。時間は必要ありません。一方が地球上にあり、他方が光でも何万年もかかるような宇宙の果てにいようとも、一瞬のうちに情報が伝達されるのです。信じられないことで、理由もまだ不明ですが、それが確かめられています。

また、粒子性と波動性を重ね持つ素粒子は、誰も見ていないときには波としての性質を持つ存在としてあらわれるが、人間が観測しようとすると粒子という存在としてあらわれるという不思議な振る舞いかたをします。見られると粒になるが、見られていないときは波になっているというのです。

これは人間の観測問題という謎の一つで、理由はまだわかっていませんが、物と心とは別物であるというデカルト以来の物心二元論を真っ向から否定するものです。素粒子の世界では、私たちには想像することもできないような事実が次々と起こります。

幸か不幸か、ミクロな量子の世界の出来事と、私たちが生きているマクロな世界の出来事とは、互いに干渉し合わないようなので、私たちは素粒子の世界で起こっていることを気にしないで、従来通りに生活することができます。しかし、素粒子はすべての物質の基礎です。ミクロな世界で現実に起こっていることが、マクロの世界にまったく影響を与えることはないと誰が断言できるでしょうか？

量子論の研究と解明は、今も第一線の科学者たちによって精力的に続けられています。相対性原理と量子論は現代科学の二大要素とされ、その成果はすでに広く工業の各分野で生かされています。ハイテクといわれる物はほとんどがそうです。

しかし、その最終的な形態が、人間の生き方や宇宙認識にどのような影響をおよぼすかは、まだ予測することができません。テレパシーを量子論と結びつけるような議論はまだ早すぎるかもしれませんが、私たちが今、量子論による非常に大規模なパラダイムシフトの時代に入りつつあることは確かなようです。

天文学の分野では、暗黒物質と暗黒エネルギーの存在が確かめられています。私たちの宇宙は加速度的に膨張していますが、その力の正体を追求していった結果、驚くべき事実がわかりました。それによると、宇宙を構成している存在のなかで、

物質が宇宙の全存在に対して占める割合は、わずか四％、

暗黒物質が二十三％、

暗黒エネルギーが七十三％

であることが確かめられました。これまで宇宙は原子の集合体だとされてきましたから、ここで物質と言われているのは、宇宙に存在する原子の総質量のことです。

暗黒物質というのは、物質同様に重力のようなものを持っているが、光を通さず、反射

もしない、わけのわからない何かです。

暗黒エネルギーは、粒子ではなく、検出することも、測定することもできないけれど、物質全体よりも大きな力を宇宙におよぼしている未知のエネルギーで、詳しいことは何もわかっていません。

宇宙に物質（原子）以外の力やエネルギーが存在していたというだけでも意外ですが、これまで全宇宙の総量だと信じられていた物質は、宇宙全体のわずか四％を占めるにすぎず、残りの九十六％は、暗黒物質と暗黒エネルギーという、まだまったく何もわからない未知の力だという事実は、人々を唖然とさせました。いくら立証されたといっても、本当だろうか、と。

今まで、ババ以外に、宇宙についてそれに類似したことを示唆した人がいたかどうか、少なくとも私は寡聞にして知りません。

ババはラティハンを評して「奇妙だけれどリアル」と言いましたが、宇宙研究の世界的リーダーの一人、佐藤勝彦は、量子論という不思議な国の神髄について「奇妙だけれど、どうやら真実、真実だけれど、あまりに奇妙」と言っています。

第二部　オープンとラティハンの実際

第一章

待機期間とオープンの実際

三ヶ月の待機期間

スブドのラティハンは、国籍、言語、宗教、文化、信条の違いにかかわらず、誰でも入会してはじめることができます。

しかし、単なる好奇心や、他人から勧められたというだけでスブドに入会しようとするのは、お勧めできません。

ラティハンは、自分を変えたいと真剣に望んでいる人のためのスピリチュアル・トレーニングです。単に試したいという安易な気持ちでは、入会してもいい結果が得られないでしょう。

そのため、入会申込者には、三ヶ月の待機期間がもうけられています。その間にスブドのヘルパー（新会員のオープンを担当する古参会員）と直接会って何回か話を聞き、疑問を質《ただ》して、理解を深めることが求められます。

スブドのラティハンは、私たちの思考や感情についての、これまで知られていなかった新しい認識に基づいています。それゆえ一般常識や過去の先例からは理解することができない、多くの特徴があります。

そのため、入会希望者は、ラティハンでは何が期待でき、何が期待できないかをあらかじめ知って、自分が望んでいるトレーニングかどうかを判断する必要があります。誤解に基づいてはじめてしまって、後で失望しないためです。

ですから、最初に提出する「入会申込書」はいわば仮の申し込みで、三ヶ月の待機の後、改めて入会を望むかどうかを表明することになっています。

入会する年齢には十七歳以上という制限があります。これは社会常識上、自分の行動を自分で判断して決められる年齢ということです。
待機中には、次のような話題をとりあげれば有益でしょう。

○ ラティハンでは、私たちが自分ですることは何もありません。むしろ何もしないことが必要です。必要とされるのは、ラティハンで働く未知の力を信頼し、その促しを受け入れて、自分のすべてを無条件でそれにゆだねる、全託の態度です。全託はスブドの基本ですが、実際にそれが何を意味しているかを知っている方は少ないでしょう。入会希望者は、全託とはどういう内容で、なぜそれが必要なのかをヘルパーと話し合い、スブドの原則を理解して、それに合意する必要があります。

○ 入会希望者は、オープンを受けることでラティハンをはじめることができます。実際には、オープンはヘルパーと一緒におこなう最初のラティハンのなかでおこなわれます。オープンに先だって、入会希望者は短い誓いの言葉を述べることになっています。それは、「私は全能なる神とその力を信じ、神以外のものは何も礼拝しません」という言葉ですが、神という言葉が使われていることから、神の存在を信じられない人たちが、その部分を問題視することがあります。

その場合は「もし神が存在するのであれば、私は神を信じたいと思います」と言い換えてもいいことになっています。あるいは、神という言葉を使わず「私のなかに未知の力があらわれたら、その動きに従っていきます」と言うのでもいいでしょう。

文言や表現をどう変えても、ラティハンは、自分の内部で感じられる未知の力の作用を受け入れ、その促しにただ従っていくトレーニングであることに変わりありません。誓いの言葉は、そのトレーニングを受けることについての合意を最終的に確認する行為です。

余談ですが、スブドと一般常識では「信じる」という言葉の使い方が違うことがあります。一般に「信じる」とは、自分の頭のなかにある信念の表明です。しかし、体験がすべてであるスブドでは、神を信じていると言い得る人は、神に関して何らかの確信がもてる体験をした人だけです。体験がまだ何もない人が「私は神を信じる」と言っても、「私は神を信じない」と言っても、言葉に実体を欠いているのはどちらも同じです。

それなのになぜ、誓いの言葉を求められるのかというと、そういう観念こそが、私たちからスピリチュアルな真実を覆い隠している幕だからです。オープンを受ける際には、たとえ小さくともその幕に隙間をあけておく必要があるのです。

こういうわけで、スブドでは、たとえスピリチュアルな事物に関するババの言葉でも、自分でそれを体験し、確認していなければ、「信じる」ことを求められることはありません。これはスブドの特徴の一つです。このことからも、スブドが宗教や教えではないことがわかります。

○待機中の話し合いでは、ラティハンと病気の関係が話題として取りあげられるかもしれません。

ラティハンが健康によい影響を与えることは、多くの会員が経験している事実です。しかし、病気を治す目的でラティハンをするのは、スブドの原則に反しています。病気が治る、治らないでいえば、全託とはそういう段階を超えて神に自分をゆだね、神のご意志に従おうとすることです。

スブドの最初期に、子宮ガンをわずらいながら妊娠した英国の女優が、ラティハンによって病気治癒と出産を両立させ、ジャーナリズムをにぎわしたことがありましたが、病気治癒をラティハンの目的にすることはできません。

スブドでは、会員が病気になったとき、ヘルパーがその自宅を訪ねて特別に一緒にラティハンをすることがあります。ですが、それは病気治癒のためではありません。一緒にラティハンをすることで、その会員の神への全託の態度が深まるよう助けるためです。その結果、もし病気が治ったとすれば、それは神のご意志であり恩寵であって、ラティハンによって治ったのではありません。

○　反対に、ラティハンによる浄化によって、体調が変化し、短期間、病気に近い症状を呈することがあります。さらに、もし新会員がすでに潜在的に病気をかかえていた場合には、その病気が発症することもあります。

それは、ラティハンのせいで病気になったのではありません。早かれ遅かれ表面化する病気が、浄化によって早めに表面に出てきたのです。

もしそれが病気としての身体症状を見せた場合には、病気治療の専門家である医者の世話を受けるべきです。

○　ラティハンに関係して起こり得る現象として、まれではありますが、クライシスと呼ばれる状態があります。心身のバランスを崩し、一時的に正常な生活が送れなくなります。

その多くは、進歩を早めたいという欲望から、過度にラティハン回数を増やした場合に起こりやすく、自分が耐えられる以上の変化を経験したために起こります。

クライシスは、通常三ヶ月以上続くことはありませんが、家族やまわりの人たちを狼狽させ、混乱させるおそれがあります。精神病の症状と似ているからです。

クライシスになった人に対しては、それが終わるまでヘルパーが内的な静けさを保ちながら見守ってやらなければなりませんが、クライシスにならないためには、決められたラティハン回数を守り、進歩のスピードを神にゆだねることが大切です。

ただ、実際には、クライシスにも種類があります。ある会員の心とスピリチュアルな部分がバランスを欠いているとき、そのアンバランスを是正するために、ふつう以上に強いラティハンが与えられ、そのため一時的に一種のクライシス状態を経験することがあるからです。

その場合は、進歩を早めたいという欲望のために、過度のラティハンをして落ち入ったクライシスとは異なり、振る舞い方はふだんと変わっても、他人に実際的な迷惑をかけることはありません。ですから、その状態はクライシスというより、集中的な浄化作用と呼んだ方が適切かもしれません。会員はそれによって内面の劇的な変化を経験し、新しい人生の方向を見出すことになります。この場合も、三ヶ月以上続くことはないでしょう。

○　ただし、この事情は、入会希望者が精神疾患を潜在させているか、その既往歴がある場合には違ってきます。もしオープンを受け、ラティハンをした結果、浄化による刺激で精神病が顕在化すると、クライシスとは違って三ヶ月で終わる保証はないからです。

スブドのラティハンは、原則として、一般の人たちと同じ生活を送りながら浄化され、自分を変えていくトレーニングです。ですから、ふつうの生活が送れないような病気や障害が発生した場合には、その治療が優先されます。

精神病の発症についても、まずその治療を優先させなければなりませんが、そのためには、そういう会員を収容する施設や、スブド会員である精神医が必要になります。残念ながら、スブドにはそのためのスタッフや施設がまだありません。

そのため、慎重を期して、その可能性がある方は今のところオープンしない方針をとっています。

問題は、そのことがオープン前にわからず入会し、精神病が顕在化したときの対応です。治療を優先させることに変わりはありませんので、ラティハンを控えるか中止するようにアドバイスすることになります。

ラティハンを中止することで、スブドとのつながりが切れるわけではありません。大生命力との接触がなくなるわけでもありません。そこがスブドの不思議なところ、理解を超えたところですが、オープンされた事実は、この世の時空を超えた事件として、いつまでも失われないのです。ラティハンを中止したことで、進歩の仕方が変わり、遅くなるかもしれませんが、進歩ができなくなるわけではありません。

この原則は、発達障害や神経症などにも適用されます。

○　スブドはスピリチュアル・トレーニングだというと、ラティハンをすれば超能力が得られるのではないかと期待する人がいます。
　そういう人には、ラティハンは超能力を獲得する手段にはならないと告げなければなりません。

　それどころか、すでに何らかの超能力的な力を持っている人には、ラティハンをすると、その能力を失うかもしれないと伝える必要があります。

　超能力をふくめて、人間の能力は人間性や霊性（スピリチュアリティ）と直接的な関係はありません。スブドは神の力による奇跡の存在を認めますが、人間を超えた神の力による奇跡と、人間の心霊的な力で起こる超常現象とは、天と地ほどの違いがあります。

　超能力や超常現象は、この世を舞台にして、ほとんどが人間以下の生命力によって発現します。テレパシーは超能力の一つですが、そのために使われる力は、思考に関係する物質的生命力であるとババは言っています。

　人間は、他人が持たない能力を獲得すると、優越感を感じて執着しがちなために、スブドに入会してラティハンをすると、魂の進歩の妨げになるとして取り去られることが多いのです。

しかし、超能力に対する執着や欲望からではなく、生まれつきの感受性によって、日常生活のなかで、予知や透視や霊視など、超能力まがいの経験をする人たちがいます。超心理学の研究でＥＳＰ（通常の五感による知覚を超えた超感覚的知覚）と呼ばれる能力です。

そういう人は少数派ながら、思考や感情の妨害によって眠りこんでしまった内部感覚が、まだ少し働いている人たちだと考えることができます。ですから、ラティハンによって内部感覚が回復するにつれて、そういう経験がなくなってしまうのか、逆に増えるのかはわかりません。

実際の例を一つあげましょう。

その会員は、何年かラティハンを続けた後で、急に人々のオーラが見えるようになりました。オーラの色によって、その人の気性や感情の動きを知るというのは、彼にしても珍しい、面白い経験でした。しかし、一年か二年後、その能力は突然消えて、二度と戻ってはきませんでした。

彼はそれを少し残念がっていました。しかしそれが自分のラティハンの進歩に必要なこととして受け入れました。その能力がなぜ与えられ、なぜ取り去られたのか、彼にもよくわからなかったかもしれません。しかし彼は、スブドではそういうことがあるとあらかじめ知っており、スブドを信頼していたのです。

○　三ヶ月の待機期間は、六十五歳以上の人、重病人、すでに会員である人の妻には適応されません。

夫婦の場合、二人ともラティハンをするのが理想的ですが、妻だけがラティハンを希望するときは、入会の申込みにあたって夫の承諾を得ることになっています。ラティハンによる浄化は、人によって違いますが、その人の内部に大きな変化をもたらしかねません。夫に黙ってラティハンをはじめた場合、もし妻に起こる変化が夫の気に入らないと、スブドを非難するかもしれません。実際、外国にはそういう例があります。

逆に夫だけが入会する場合には、特に決まりはありません。しかし、やはり妻の理解と承諾を得ておくことが望ましいでしょう。

オープンはどのようにおこなわれるか

三ヶ月の待機を経て、入会の意志が変わらなければ、オープンの日取りを決めることになります。

オープンは、オープナーをふくむヘルパーたちが、入会申込者と一緒にラティハンをすることによっておこなわれます。

すでに述べましたが、オープナーに先だって入会申込者がなすべき準備は何もありません。オープナーからは、オープンを受けている間の態度について実際的な注意が与えられます。眼を閉じ、リラックスして自然体で立っていること、手を組んだり、握ったりしないこと、まわりに気をとられず、ヘルパーたちがラティハンのなかで発する声や物音にも注意を払わず、ただ自分の内面だけを感じるようにすること、無理に心を静めることも、精神を集中させる必要もないが、ラティハンで働く大いなる力を完全に信頼し、その働きに自分のすべてをゆだねようとすること、などです。

オープンは、立ち会いのヘルパーたちが、それぞれ自分のラティハンをすることではじまります。ここでも、入会申込者は何もする必要がありません。

一方、ヘルパーも入会申込者と同じで、オープンのために、何か特別なラティハンをする必要はありません。いつもどおり、自分のラティハンの動きについていくだけです。もし、ヘルパーが入会申込者に関心をいだいて、特別な注意を向けたり、まして自分から念や力を送ったりすれば、オープンを混乱させて妨げになるだけです。

このように、オープンする側もオープンされる側も特別なことを何もしなければ、そこでは何も起こらないはずです。にもかかわらず、しばらくすると、入会申込者の多くが、身体のなかで何かがはじまったのを感じます。

オープンの際の体験は、身体的なものをはるかに超えることもあり得るので、そのとき入会申込者が実際に何を感じ、何を経験するかは、誰も予見することができません。

しかし、経験上もっとも一般的なのは、電流の刺激に近いようなバイブレーション（振動）か、身体の一部を動かす運動の促しです。実は、バイブレーションと身体の動きは別々のものではありません。バイブレーションが転化して、身体的な動きを引き起こすのです。

動きを感じるのは、手かもしれませんし、足かもしれません。首とか腰、あるいは体全体かもしれません。あるいは、オープンの間何も感じないかもしれません。何を感じるか、何も感じないかは、入会申込者が持っている条件と感受性の質によります。何も感じられなかったのは、単に緊張しすぎて充分にリラックスできなかったせいかもしれません。それでも、入会申込者はちゃんとオープンされるのです。

そばで一緒にラティハンをしているヘルパーたちも、自分のラティハンをするだけですから、入会申込者が何を経験しているのかわかりませんが、自分のラティハン内容の変化から、オープンが進行しつつあると察知することができます。

オープンは、心の奥の地下牢に閉じこめられて半ば眠りこんでいた入会申込者の魂が、全宇宙をつらぬく大生命力と接触して覚醒し、その力の流入がはじまった瞬間です。

ババはそれを次のように描写しています。

オープンの結果、ひとたび頭脳が考えることを止め、思考が感覚から切り離されると、生命のバイブレーションが感じられる。それは広がって全身を包み、間もなく心にとっては非常に奇妙に思える動きを引き起こす。

この状態は、実際、心にとってはまことに奇妙なものである。なぜなら、それは思考でつくり出せるようなものではなく、思考の影響をもはや受けていないある感覚によって受け取られ、目の当たりにする真実だからである。

この真実を受け確認したならば、引き続き、自分の内部で実際には何が起こっているのかをよく感じるようにしなさい。そうすれば正しい道へ導かれるだろう。さらには、あなた個人の混じり気のない自我に気づくようになるであろう。

あなた方は自分から常に離れることのない欠陥の性質を感じるであろう。それは、子供が授かる以前にあなた方の両親がおこなった行為によって生じた欠陥である。

これは驚くべきものである。なぜなら、人間としての地位にふさわしい特性のなかで、あなた方に欠けているものは何であるかが示されるからである。それらの特性が欠如しているために、より高く昇る、つまり完成の領域に達する可能性は微々たるものになっている。(『スシラ ブディ ダルマ』第一章)

とはいえ、経験に即して言えば、オープンにあたって、ババがここで言っているとおりの経験をする人はまずいない、というのが今の時代の現実です。

それは、人類の資質が、理想の状態からほど遠いところまで劣化していることを示すものです。オープンで何も感じられない人は少なくありません。その主な原因は、自分でつくり、祖先から引き継いだ汚れや欠陥が内部に積み重なっていて、感じることを妨げているからです。

そのような場合には、覚醒させられた入会申込者の人間的魂が、その厚みを突きぬけ、地上に顔を出す（大生命力との接触の刺激が感じられるようになる）までに、それなりの時間が必要になります。めざめた魂はまだ力が弱いからです。

もし、入会申込者も、一緒にラティハンをしたオープナーたちも何も感じず、オープンされたかどうか不確かなときは、少し時間をおいて、あるいは日を改めて再オープンすることになります。

再オープンが必要でも、失望するにはあたりません。ひとたび覚醒した魂は、その後の適切なケアがあれば、いつか必ず芽を出すからです。適切なケアとは、何も感じなくてもグループ・ラティハンに参加し続けることです。そして、自分でラティハンができるようになったら、スタート時点での遅れは、その後の進歩とは関係がなくなるでしょう。忍耐が必要です。忍耐の経験は、その人の将来にとって大きな財産になるでしょう。スブドは人間の弱さを知っており、自由意志による会員の判断と決定を最大限に尊重しています。もし会員が退会を決意しても、その意志に反して強いて引き止めることはありません。

オープンの霊的メカニズム

意味がわかりにくいかもしれませんが、オープンは、ラティハンによって私たちの内部に出現するスピリチュアルな場で起こる出来事で、実はこの世のレベルでの現象ではありません。

オープンという事実が、会員がラティハンを続けている間にだけ有効なのではなく、その後も、死後の世界においても、その人についてまわるのはそのためです。

ババはその詳細を語りませんでしたが、オープンを受けてラティハンをはじめたことを、あまり軽く考えてはならないと会員に注意したことがあります。

ふつう、オープンの場で何が起こっているのかは、立ち会いのヘルパーも知ることができません。それが確認できるほど鋭敏で精妙な感受性を持っている人は、まだほとんどいないからです。それでもオープンはおこなわれます。

ババの言葉を助けにすると、オープンが持つスピリチュアルなメカニズムは、大略、次のように進行します。

ラティハンをすることによってあらわれる大生命力は、宇宙全体を貫通する創造力という性質から、その場にあるすべてのものをつらぬいて、一つに結びつける働きをします。

そのため、オープンにおいては、新会員が大生命力に全託する態度をとっていれば、そばでラティハンをしているヘルパーに流入した大生命力の影響力に、新会員も包まれてしまいます。

すると、両者に一種の内的な通路がつくられて、ヘルパーに流入した大生命力が、新会員の内部にも流れていきます。

これが第一の条件です。

ただし、新会員がオープンされ、自分でラティハンができるようになるためには、もう一つ別の条件が満たされる必要があります。それまで新会員の魂を圧迫して大生命力との接触をはばんでいた汚れが、ある程度取り除かれて、魂がめざめることです。これは自分ではできないことでした。

神のご意志により、立ち会いのオープナーやヘルパーが、彼ら自身が気づかないうちに、その役割を引き受けます。すなわち、新会員が背負っていた汚れの一部を肩代わりするのです。

ババは『スシラ ブディ ダルマ』のなかで、次のように言及しています。

しかし仲立ちになる人（オープナー）は、多分いくらか賞賛を受けるに値しよう。なぜなら、その瞬間に少なくともその人は、オープンされつつある人の身体から放出された感情内の苦しみを、不快な感じとして経験するからである。一方オープンされる側では、逆に重荷が軽くなったように感じるであろう。

だからその段階に達したからといって、満足していてはならない。むしろ、オープンされつつある人の傍らに立っているとき、今その人が何を受けつつあるかを感じるようになさい。そうすれば、その人に起こりつつあることを感じ取るだけではなく、あなた方自身の自我にとって必要なものを受けることができる。

このようであれば、あなた方は順調に進歩することができる。なぜなら、感情のなかに集まってきた種々の力が、どのように結びつき、また離れるのかが明らかになっていくからである。

そうすることにより、新会員に付き添ってオープンすることからくる苦しみは、もはや重荷ではなくなる。それどころか、真の人間としてのあなた自身をめざす自分の歩みを、容易にすらしてくれるだろう。さらにまた、傍らに立つあなた方がこうした状態にあるために、新会員の状態はより満足のいくものとなろう。(ダンダングラの章)

このような会員同士の助け合いが、私たちの意志や認識のおよばないところでおこなわれることは、スブドのラティハンがいかに特別な性質を持っているかを如実に示しています。

オープンされた新会員は、その後所属支部のグループ・ラティハンに参加できるようになります。そして、原則として週二回、一回三〇分のラティハンを続けていきます。ラティハンは、そのうち一人でもできるようになりますが、なるべくグループ・ラティハンに参加するよう勧められています。

実際に、単独よりも、他の会員たちと一緒にラティハンをした方がよく受けられることを、会員のほとんどが教えられなくても実感として知っています。理由はよくわかりませんが、私たちを超えたところで、オープンについて述べたような会員同士の助け合いが、神のはからいによって何らかの形で存在しているのでしょう。

第二章　スブドと毎日の生活

スブドの容易さと難しさ

ラティハンは、するだけならとても簡単です。しようと思い、神か自分の内面に注意を向けるだけで、自動的にラティハンになるのがわかります。慣れてくれば、いつでもどこでもラティハンをすることができます。

ラティハンの初期に感じる変化は、人によってさまざまですが、女性が妊娠すると嗜好が変わることがあるように、食べ物の好みが変わる人もいます。しかし、私の場合もそうでしたが、些細なことでも気にさわっていたのが気にならなくなり、以前より気持ちがおだやかになったという例が多いのではないでしょうか。私の場合、オープン後三ヶ月くらいして、何か変化を感じるかと聞かれてそう答えたのを憶えています。

それに続いて私が憶えているのは、夢が変わってきたことです。白黒の夢だったのが極彩色になり、その内容も、洪水とか、大波に追いかけられる夢や、動物や、動物を怖がったり、手なずける夢、また、驚いたことに、恐竜時代の古代生物まで夢に出てきました。そんな夢を見続けているうちに、それらは私の感情がラティハンによって浄化されつつあることを示しているらしいと感じてきました。ですから、一度だけでしたが、みすぼらしい灰色の小鳥が、私の目の前で色鮮やかな鳳凰に変身して飛び立つのを夢で見て、嬉しくなったのを覚えています。

しかし逆に、ラティハンをはじめて、むしろ一時的に短気になったという人もいました。腹立ちやすい気分がラティハンによって追いだされて表面に出たのでしょう。

これらは、ラティハンで自分が変わりはじめた証拠になります。

しかし、いつ変化がはじまるかを知ることはできません。微細な変化なので、注意していなければ見過ごしてしまいます。自分の変化に注意を怠らないというのが、忘れてはならない鉄則の一つです。

ラティハンでは事実が生起するだけで、何が起こったのか、何が起こりつつあるのかは、誰も教えてくれません。ラティハンが、人間が工夫してつくったトレーニングと根本的に違うのはこの点です。それがラティハンの作者の性質を示しています。

ラティハンは一人ひとり違っており、あらかじめ知ることはできません。ラティハンの内容は自分では変えられません。ある日のラティハンで素晴らしい経験をしたからといって、その後も素晴らしいラティハンが続くという保証は一切ありません。次回は以前の状態に戻り、何ヶ月もそれが続くことも珍しくないのです。

少し長い時間幅で観察すれば、ラティハンの内容は必ず変化し、常に変化しつづけます。それに間違いはありません。子どもの成長と同じです。しかし、会員にとって問題となるのは、変化の速度がスローダウンして、まるで進歩が止まったように感じられる場合があることです。ラティハンの内容が毎回同じで、同じ場所で足踏みしているようにしか思えなくなり、なぜそんな状態が続くのか、会員にわからないときです。

後述するように、会員にはスピリチュアルな問題を解決するために「テスト」という手段（第二部、二章「テストについて」参照）が与えられていますから、それによって原因を具体的に突きとめることができれば、問題は解決します。しかしテストも、正しく使うためには条件があります。すべての問題がテストで解消できるわけではありません。

そういう場合、会員は強い忍耐心によって、同じような内容のラティハンを繰りかえしながら、ラティハンに変化が訪れるのを待たなければなりません。ラティハンをするのはとても容易なのにもかかわらず、ラティハンをやりとおすことが難しい理由はそこにあります。

理由もよくわからず、いつまでかかるかもわからないのに、スブドを信じて代わり映えしないラティハンを続けるのは、人によっては想像以上に厳しい要求になります。

時代はいま、激しく動いています。社会の変化は時とともにスピードを増しており、人々はより早く、より効果的な人生を追及しています。街を行く人々の歩みも、話し方も、気のせいか、より速度を増しているようです。インスタントが尊重される社会では、忍耐は歓迎されません。

実際、過去には忍耐は日本人の美徳の一つでしたが、現在の人々は忍耐に対する関心を失って、その美徳は急速に衰えています。変動する物質社会の圧力に強くさらされているからです。その圧力に抵抗するには、スブドに対する信頼と、ハートの強さが必要になります。

ババは会員の努力と忍耐が強化されるように、同じ内容のラティハンが繰りかえされる原因についてヒントを与えています。ラティハンの内容は、そのときの浄化の内容を反映しますが、同じラティハンが長期間繰りかえされるのは、岩のように固まった難しい汚れの浄化がはじまっているからです。

ラティハンによる浄化は、医学的な言い方を借りると、外科手術のような侵襲的治療ではなく、他の健全な組織や器官を傷つけず、痛みや苦しみがともなわない非侵襲的な治療です。そのため汚れの種類や量によっては、それが除去されるまで何回でも同じ処置（ラティハン）が繰りかえされていきます。

問題は、たとえば親や祖先から受けついだ汚れで、その人の性格のなかにしみこんで、性格の一部になってしまっているような場合です。その種の汚れや欠点は、本人がそれを自覚し、本気で除去しようと思わないかぎり、取りのぞくことが難しいのです。

第一部の浄化のところでもふれましたが、もし本人がそれに気づかなければ、同じラティハンが延々と続くことになりかねません。これもラティハンの難しさの一つです。そのような場合は、せっかくラティハンに励んでいながら、今いる局面から先に進むことができなくなります。しかし、そういう会員のラティハンでも、いつかは次の段階に進むときがくるでしょう。

ラティハンの進歩とは？

ラティハンが進歩したかどうかは、何によってわかるのでしょうか。

私たちは、自分をよく知りません。私たちの眼は外に向いてついています。外の世界を見るのには便利ですが、自分の顔も、自分の内的状態も、見ることはできません。

耳もそうです。外の世界の音は聴くことができても、自分の内部で起こっていることを聴くことはできません。

精神的機能についてもこれは同じです。思考と感情とは、外の世界を認識し、識別し、分析し、推理して、この世での生活をより便利でよいものにするためには卓越した力を発揮しますが、自分の内面の状態を認識するのは苦手です。ですから、他人の欠点はすぐ眼につきますが、自分の欠点にはなかなか気がつきません。

気性や性格のなかで、好ましくない部分を矯正するためにつくられたトレーニングは、一般に、教師やトレーナーについて、自分の欠点やその心理的原因を指摘してもらい、その矯正に役立つエクササイズやアドバイスに従うことによっておこなわれます。

それは、自分の欠点を意志と努力で克服しようとする試みですが、完全な形で成功することはまず望めません。というのは、努力の出発点になる意志の内部にも欠点が入りこんでいて、その一部になってしまっているからです。

ですから、意志の力で欠点を正そうとする努力自体が、欠点を別な形で強化する皮肉な結果になりがちです。

また、他人から指摘されて正せる欠点は、人目につく人格の行動だけで、その欠点をつくっている心は矯正されずに残ります。

しかし、スブドによる矯正は違います。意志や努力を離れて、大生命力による浄化に矯正をゆだねる完全な他力です。

ただ、大生命力による欠点の矯正は、それが欠点であることを本人が自覚しておらず、欠点を容認している場合には起こりません。大生命力が本人の自由意志に反して変化を強制することは、原則としてありません。ですから、自分の欠点に気づくことが、スブドでは非常に大切になります。

私たち人間には、本来、外に向けられた機能とは別に、内に向けられた機能として内部感覚が与えられています。それは、私たちの人間的魂と身体をむすぶ通信回路のような役割を果たしています。私たちは内部感覚を介して、自分の魂からの情報やメッセージを受けとれるようになっているのですが、現在はその機能が麻痺していて、自分の魂との繋がりが遮断されてしまっているのです。

オープンによる魂の覚醒によって内部感覚の回復がはじまり、その状態をつくりだした汚れの洗い流しである浄化がスタートします。

すでに述べたように、それは容易な仕事ではありません。浄化の対象が、身体や五感という外的な機能から、感情や思考のような、より複雑な内的な機能に進むにつれて、困難さは増していきます。

新会員は、最初、週二回のラティハン以外には、従来の生き方を変える必要はないと告げられます。

しかし、この状況は、ある程度ラティハンによる浄化を受けた後では変わってきます。従来どおりの生き方を続けていることで、浄化の進行が妨げられることがあるからです。

ババは灰皿というわかりやすい例で、その事情を説明しています。

灰皿が吸い殻で一杯になったのを見て掃除しても、もしタバコを吸うのをやめなければ、灰皿はすぐまた吸い殻で一杯になります。それを繰りかえすだけでは、灰皿はいつになってもきれいになりません。一歩前進、一歩後退の繰りかえしで、前に進みません。

スブド会員は、せっかく除去された汚れをまた自分のなかに持ち込まないように注意しなければなりません。タバコでいえば、禁煙か節煙が必要になります。

ラティハンには確かに人の助けは要りません。しかし、ラティハンによる浄化を望む以上、その邪魔をしない努力は必要です。新しく何かを「する」のではなく、これまで日常的、無意識的にやっていた行動を「やめる」ことです。

たとえば、会員がラティハンをはじめて、心がより安定し、些細なことでは苛つかなくなったとします。浄化がはじまった証拠です。

しかしその人も、より深刻なショックを受けると心が乱れ、動揺が抑えられなくなります。浄化がまだ感情の内部にまで達していないからです。

通常では、彼はそれに対して何もできません。心の動揺を怒りのエネルギーとして発散させるか、時間がかかっても、動揺が自然に収まるまで待つしかありません。通常の人々は、内部感覚が衰弱して、感情をコントロールする力も手段も失っているからです。

スブドの会員も、そういう状態が変わらなければ、浄化を順調に先に進めることが難しくなります。苛立つたびに動揺や怒りのエネルギーが再生産されるし、残滓もたまるからです。

ただ、会員にはラティハンがあります。彼らの内部には常にラティハンが存在していいます。ふだんははっきり姿をあらわさず、まるで存在していないように見えるかもしれませんが、確実に内部にあって、失われることがありません。だからこそ、ラティハンをしようと思えば、ただちにその場にラティハンが出現するのです。

スブド会員は生活のなかで、感情の動きをコントロールするためにそれを使うことができます。

もちろん、生活の場で、あるいは職場で、人目をはばからずにラティハンせよというのではありません。自分をできるだけラティハンに近い状態に近づけて、ラティハンで感じられるに近い内面状態を実生活にも持ちこむのです。

ババはそれを「ラティハンで受けたものを生活で実践する」ことだと言いました。

これは、ラティハン中に特別な経験が与えられたらそれを実行せよ、ということではありません。ラティハンのつど必ず感じられる、思考や感情から離れて大生命力が働く、平安な内面状態を日常の場にも持ちこめということです。

それを実践すれば、苛立ちや怒りに転化する前に心の動揺が収まり、ラティハン中のような静かな心が速やかに戻ってくるでしょう。

スブド会員は、繰りかえしそれを習慣づけることで、感情や思考によって影響されていない本来の自分の心はどのような状態なのかがわかってきます。その状態と比べることで、感情が暴走しはじる前の前兆が感じられやすくなります。

感情はいったん暴走をはじめると、奔馬と同様に、即座にそれを静めるのは困難になります。兆しの状態で察知できれば、暴走する前に静めることが容易になります。そして、これを継続的に実行していると、感情の働きが変化していきます。

すなわち、石のようにひからびていた内部感覚が、人間的魂から必要な水分や養分を与えられて、徐々に本来の機能を回復していくのです。

繰りかえしになりますが、このためには、スブドの基本である全託と忍耐が必要です。この場合に必要となる全託とは、大生命力の力によって導かれていることを信じて、疑いを持たずにラティハンを続けることであり、忍耐とは、現実を直視して、しかもハートの欲望に屈しないことです。

最終段階への準備

このように日常生活でもラティハンを活用することで、最終的にはどうなるのでしょうか。

生活のなかで、常にラティハンが働いている状態。

浄化が進んで、感情や思考の質が変化すると、それらはもはや大生命力の流入を妨げなくなります。

すなわち思考や感情を生活のためにふつうに使っていても、大生命力との接触がとぎれなくなります。そして思考や感情は、魂の指示に従順にしたがう僕《しもべ》になります。

古くからのスブド会員は、その実例をババに見ていました。人と話していても、お茶を飲んでいても、仕事をしていても、ババは同時にラティハンをしていて、ラティハンから離れることはありませんでした。真剣に金勘定をしている最中でも、胸のなかではアラーアラーという神の賛美が途切れることがない状態があり得ることを、ババがテストを使ってユーモラスに実演してくれた光景が、今も心に残っています。

これがスブドの究極の目標です。その状態に近づくことができれば、私たちは何をしていても、自分とラティハンは一つであると感じるでしょう。

そして、この世でよく生きるために、思考と感情を活用する、その使い方が違ってくるでしょう。精一杯使いながら、それらに振り回されることはないでしょう。人間以下の生命力の協力を仰ぎながら、そのすべての力が、魂の監督のもとで協力して働くでしょう。

神の存在をつねに身近に感じて、神が自分を見守り、保護し、導いてくださるのを実感するでしょう。

もちろん、スブドの会員もほかの人も、人として違いがあるわけではありません。会員も、他人と同じように人生の浮き沈みを経験し、楽しさと苦しさを味わい、病気にもかかるでしょう。しかし、ラティハンで内的な強さを得た人は、どんな場面に遭遇しても、心を過度に乱すことなく、未来への道を切り開くことができるでしょう。

ラティハンが世界にもたらされてから六十年以上経ちます。ラティハンが開いたスピリチュアルな旅の全貌を味わい尽くしたのは、まだバパだけですが、スブドの可能性は彼の経験が示しています。

ラティハンの恩恵は絶大です。大生命力という創造の力は、人間を根本的につくり変えようとします。そればかりか、人間の魂のレベルを引きあげることさえ視野に入れています。完全な浄化に至らなくても、それをめざす過程のなかで、多くの恩恵を実感することができます。

浄化が完了した段階で必要になるのは、人体を構成している下位の四つの生命力と、その働きを感じとることです。それらの生命力はごく微細なスピリチュアルなエネルギーであるために、極度に鋭敏で、純粋な内的感覚でなければ感知することができません。

人間が各生命力を感知し、それぞれを識別できれば、人体のなかのすべての下位の力を監督し、指導して、人間の補助者という本来の役割を果たさせることが可能になります。これが浄化の目的です。

もしそうなれば、これまで人体のなかで働いてくれた下位の生命力の奉仕に充分にむくいることができます。神のご意志にしたがって、私たちの死後、下位の生命力が本来の故郷に戻れるように、手助けすることもできるでしょう。

ババはその仕事を、浄化後の「準備」と呼びました。神の力に助けられて、通常の人間の世界という第四段階から、人間段階以上のロハニの領域に引き上げられるための準備という意味でしょう。

もしその状態に近づくことができれば、私たちのこの世での生活のあり方も、大きく変わるでしょう。これは、スピリチュアルな領域で起こったことが、この物質世界で、どのような形であらわれるかにかかわる問題で、説明もしにくく、わかりにくいと思いますが、スピリチュアルな世界での立場が入れ替わるのです。

金は物質の象徴です。ふつう、人間は金を手に入れようとして金を追い求めます。これは金が人間より上位にあることを意味しています。金と人間では、金の方が人間を支配する位置にいるのです。

しかし人間的魂を自我の中味にすることができた人にとっては、それが逆になります。人間が金を追い求めるのではなく、金の方が人間という主人を慕って追ってくるようになります。

そのような人は、以後、金に困ることがなくなります。自分が必要とする以上に金持ちになるかどうかは話が別になりますが、生活に必要な金を稼ぐのが楽になり、思いがけない形で必要な金が与えられる経験をするようになるでしょう。

他のことについても同様で、自我が人間的魂で満たされている人は、真に人間らしい行動をとるのが本性となり、周囲をうるおすことでしょう。

第三章　ラティハンの種々相

ババのガイダンス

ババは、一九五七年の訪英から一九八七年に没するまで、地球を二十四周するほどの距離を旅行し、各地の会員に対して、ラティハンの意義と原則とを説明するトーク（談話）をおこないました。

千三百を超えるそれらのトークは、英語に、ついで多国語に翻訳されていますが、今も翻訳作業がつづいています。

前述したように、ババはあり得ないような仕方でラティハンを与えられ、あり得ないような集中トレーニングによって、ラティハンの可能性を体験させられた人です。ですから、人々にスブドを紹介するのに最もふさわしい人であることは疑いの余地がありません。それなのに、彼はなぜか一般の人々に対しては一度もトークをおこなわず、会員だけに話をしました。

そして、トークは頭で理解しようとしてはならず、ただ聞いて、そのとき自分に感じられるものだけを感じるようにせよとアドバイスしました。実際、ババのトークは、ラティハンをしている人が、ラティハンのときに近い心の状態で聴いたり読んだりすることが正しい受けとり方のように思われます。

さらに、ある人から、なぜ一般の人々に直接話をしないのかと聞かれたとき、一般の人々への説明はババがするよりも、スブドの会員たちが、それぞれ自国の人に親しみやすい言語を使って説明するべきだ、と答えたと伝えられています。

ババの答えは、言語の二つの性質を示しています。

言語は人と人とのコミュニケーションには最も有効で、不可欠な手段です。その一方で、言語は、私たちに生まれつきそなわっているのではなく、成長する過程で新しく獲得していく道具です。

それぞれの言語はそれぞれの文化の産物で、世界には文化の数だけの言葉があります。誰もが特定の文化のなかに生まれて、成長するにつれてその文化の言葉を自分の言葉とします。言葉が違えば、お互いの意志の疎通が難しくなります。

旧訳聖書に、バベルの塔という神話が出てきます。天まで届く塔を築き、神と同等になろうとした人類の野望をくじくために、神が一つだった人類の言葉を混乱させ、多くの言語を使うようにさせたために、人類は仲間割れを起こして各地に散っていったという物語です。

私たちは、自分が身につけた言語を使わざるを得ません。それが自分の意志や感情を最も表現しやすいからです。全人類のための共通語は存在しません。そして、世界中のどの言葉を使っても、必ず母体である文化の性質を反映することになります。

ババはインドネシア人で、イスラム文化のなかで育ちました。ですから、ババのトークには、イスラムの語彙や表現が数多く見られます。仮にパパがキリスト教国で生まれていれば、パパはキリスト教文化を反映した語彙や表現を使ったでしょう。

世界中の一般人にスブドを説明するのはパパではなく、スブドの会員が、それぞれの文化に合った言葉で話すべきだというパパの答えには、その点がふくまれていると見て間違いないでしょう。

そこにはスブドが、特定の文化圏や宗教圏の人たちのものではなく、全人類のものであるという確信があります。

パパはトークのなかで、スブドは体験であり宗教や教えではない、と、くどいほど繰りかえしました。そして誤解をできるだけ避けるために、トークの一般公開を禁じました。しかし、パパのトークが、ラティハンに関する多くのアドバイスやガイダンスを含んでいるのは事実です。そして多くのスブド会員にとって、貴重な情報源となっていることも間違いありません。本書のこれまでの記述も、パパのトークをふまえています。

それを単に言葉の上でとらえた場合、やはり教えではないかと誤解されやすいところがあるのも否定できません。ラティハンを実際に経験したことのない人が読んでも、その意味する内容を正しくは捉えることはできず、自分のためにそれを役立たせることは多分できないでしょう。

ババ自身はそれをどう考えていたのでしょうか？　スブドにおけるババ自身の立場や役割をどう見ていたのでしょうか。

ババは一生の間、先生とか指導者と言われることを拒み、自分の役割をスピリチュアル・ガイドと呼んでいました。ラティハンによって新たに体験が可能になった、スピリチュアルな領域への旅の道案内人という意味です。

この言い方は、登山のための山岳ガイド、未知の海を航海するための水先案内人を連想させます。

実際にババのトークには、未経験な旅のための見取り図か、道路マップのようなところがあります。長旅の途中で目印になるようなできごとや、分かれ道で選ぶべき方向などに関する情報やガイダンスに満ちているからです。

会員はそれを参考にして、自分が今歩いているのは、スブドの旅のどのあたりかを推しはかることができます。

それを教えとか理論とみなすのは間違いです。会員にとって、それは貴重なアドバイスではあっても、無条件に受け入れるべき教義ではありません。バパは、自分を権威者とみなすことはありませんでした。

スブドの旅の全旅程は、一朝一夕に踏破することが望めるような短い道のりではありません。その目的地は、ある意味で人間としての境界線を超えた先の領域で、宗教では天国とか神の国と言われている世界です。私の独断的な見解ですが、仏教でいう涅槃も、名前は違ってもスピリチュアル的に同じものを指しているのではないでしょうか。

涅槃に関しては、ふつうの人間がそこに到達するには数多くの生まれ変わり（輪廻転生）が必要であり、無限に近い時間が必要だと仏典に書かれています。

スブドのラティハンは、それを大幅に短縮させる可能性があるとバパは述べています。死後も生まれ変わる必要がなく、ただちに天国に引き上げられる可能性すらあるからです。

しかしそれは、神がスブド会員をえこひいきしているためではありません。神は公平であり、天国に引きあげられるための条件は、スブド会員であろうとなかろうと変わらないからです。

この問題は、スブドのラティハンは何のために与えられたか、という問題とかかわっています。

また、人間とは何なのか、何が目的なのか、というより大きな問いにつながっています。私たちはこの問いに答えられません。答えられる人は多分誰もいません。ここで求められるのは、あれこれの人が持つ個人的な見解ではなく、大自然や宇宙と私たちとの関係をふくんだ根本的な人間の存在理由だからです。

ミミズやモグラの存在理由は、ミミズやモグラに聞いても得ることができません。彼らの生活や活動を理解するためには、土壌をたがやし、植物や他の小動物の生活を助けているという大自然との関係を考慮に入れなければならないからです。

しかし、そうなると、大自然と宇宙の存在理由や目的にまで問いが広がって、手に負えなくなります。私たちの多くは、人間の知の最先端は科学だと思っていますが、科学者は、その問いに科学は答えられないと言っています。科学は物事の成りたちを解明することはできますが、なぜそれがつくられたのかという、創造の根本にある謎を探求するのは科学の役割ではなく、哲学の役割であり、それを科学に期待するのはお門違いだと考えています。

人類永遠の問いかけ

第一部の三章で紹介した宇宙の成り立ちと、七層の生命力の世界は、この根本的な問いに対するババの答えです。

ババの答えの真偽を確実に言える人はいません。それが真実である、真実ではないと立証できる手段がないからです。ババは、自分の実際の経験以外を話したことはないと言っていましたが、宇宙の成り立ちと構造をどのように経験したのかは語りませんでした。ただ、ババが経験した宇宙の構造を図に表してスブドのシンボルにしました。七つの同心円と、それを貫く七本の放射線のマークです。ババはそれを平面的な二次元の円で描くよりも、立体的な三次元の球体の重なり合いとして思い描いた方がよいと言っていました。その中心にある最も小さな領域が、物質界です。植物界、動物界などの上位の六層の世界がそれを包みこむ形で外側に展開しています。

七つの放射線は、七層の世界それぞれの内部を貫く、神の創造の力である大生命力で、ラティハンという場と力の創造者です。七層の宇宙の外側は、もう一つの神の直接の力であるロホ・クドゥスによって覆われ、満たされています。

宇宙の構造に関するバパのこのような説明は、私たちが判断し得る範囲を超えており、それについてどう思うかは会員にゆだねられています。

ただ、人間の本体は物質的身体ではなく、より高い霊的な存在である魂であるという説だけについて言えば、その考えは昔からあって、バパのオリジナルではありません。

聖書の創世記には、神は土から人間の身体をつくったが、神が霊的な息吹を吹きこむことで人間になった、とありますし、キリスト教の初期に流行ったグノーシス主義は、この世は善なる神によってではなく、神に逆らった邪悪な天使によってつくられ、人間の魂は天から落ちて、堕落したこの世界に閉じ込められているのだと主張しました。これは、この世は苦の世界と断じた仏教と通じるところがあります。

グノーシス主義は、正統派のキリスト教によって弾圧され、根こそぎにされましたが、時代の変わり目になると復活し、その度に弾圧されました。

とはいえ、ババが呈示したのは、グノーシスの焼き直しではありません。

ババの言うことに批判的な眼を向ける人のなかには、ババの宇宙観の背後には、生まれ育ったインドネシアのジャワ島の土着的な神秘主義の影響があると指摘する人もいます。

私はジャワの神秘主義を知らないので、何も言う権利がないのですが、ババは宗教を尊重し、そこに誤解や過ちが混入している可能性があるが、人類に多くの真理を伝えているとして、会員に宗教を持つことをすすめました。

ですから、過去の宗教伝統のなかに、ババ自身が体験によって確認した正しい宇宙認識が含まれていたため、結果として、両者で同じような認識が示されたことも、可能性としてはあり得ます。

私は個人的な見解をこれ以上述べることは控えますが、ババの述べた宇宙は、私が長年謎としてきたことを、無理なく説明できるものでした。

その謎とは、印象派の画家ゴーギャンが、南太平洋のタヒチ島で、遺作のつもりで描いた絵のキャンバスの裏に書いた三つの言葉です。

私たちはどこからきたのか。
私たちは何者なのか。
私たちはどこへ行くのか。

これは、人類永遠の謎と言ってもよい問いかけです、

地球という世界は、物質的宇宙の惑星でありながら、全宇宙の他のどの天体にも類例がない特別な性質を持っています。物質界でありながら、植物、動物、人間という、それより上位の存在である生命力を育んで、それらと共生しているところです。これら物質より上位の三種類の生命エネルギーは、人間の身体のなかでも死なずに生きていて、人体の構築をはじめ、人間にとって必要なさまざまな活動に最初から参加しています。

物質的生命力をふくむ、これら四つの力の総合体である人間の活動を、より高い視点から監督し、調整するために、通常の人間よりも高次の、ロハニと呼ばれる完成人の世界の

生命力から「人間的魂」がつくられて人間に与えられました。

人間的魂は、それゆえ、人間の生き方や、人間が取るべき方向について、下位の生命力よりも高く広い視野から、地上の私たちに必要な助言や情報を伝えることができます。もっとも、そのための内部感覚は、今ではほとんどその機能を失ってしまっているのですが。

一千億個以上の天体で成りたっている天の川銀河においても、物質環境のなかで、より高次の植物、動物、人間などの生物を育んでいる天体は、地球以外にはまだ確認されていません、地球は宇宙でも特別な星なのです。

もっと高い、通常の人間以上の「人間的魂」が、地球環境に適した身体を与えられ、物質世界に送られて、ある期間、物質的存在としての生活を送る、それが神の意図であるとババは言います。七段階の生命力の階層のちょうど中間に位置する通常の人間の生命力の世界は、それより上位の人間以上のスピリチュアルな世界と、人間より下位の世界の橋渡しをする立場にあります。人間という存在は、一方では人間以上のロハニの生命力を魂の中身として持ちながら、他方では人間より下位の四つの生命力で構成された人体を与えられ、物質的環境のなかでも生きることができます。

神が、人間を地上で生きる存在としてつくられたのは、説明の繰りかえしになりますが、ロハニの世界の魂が、物質世界において、真の人間以下の物質、植物、動物、通常の人間の生命力と共同生活をおこない、それがどんな生活であるかをみずから経験して、学んだ知識や認識を自分の故郷であるロハニの世界に持ち帰るためであるというのです。

こういう考えは、これまで誰も言ったことがないと思いますが、最初の人間だと言われるアダムにまつわるさまざまな神話、すなわち蛇（悪魔）にそそのかされて禁じられた木の実を食べ、楽園から追放されて原罪に苦しむようになった、というような物語的解釈とは異なった角度から、人間誕生の神秘に光をあてようとしている気がします。

それを受け入れるとすれば、人間の目標は、地上生活で得られた貴重な情報をたずさえて、魂のふる里であるロハニの世界に帰還することであり、それがラティハンによる旅路の最終目的地になります。

人間は多かれ少なかれ、この世に対して違和感を持っています。

生老病死、天災、人災、戦争、数え上げればきりがありませんが、地球という物質世界は、人間の都合をいえば多くの不条理をかかえており、不自由で、生きることが楽でない世界であるのは、否定できない事実です。

仏教は大胆に、この世は苦の世界だと断定し、苦の世界からの脱出をめざしました。行き先は束縛や生まれ変わりが存在しない涅槃です（涅槃の定義は、もちろん、これだけではありません）。

人間は常に自由を追い求めてきました。あるときには、それは鳥のように大空を飛ぶ自由でしたが、飛行機によって願いがかなっても、自由にたいする強い欲求が減ることはありませんでした。

ババが呈示した宇宙構造と、人間の本体である魂の役割は、この問題の理解に新しい角度から光を投げかけてくれているようです。

地球という物質世界が、人間が必要とする基本的な条件を欠いているということは、地球に理想的な人間社会をつくりあげるのは不可能に近いことを意味しています。にもかかわらず、人間は昔から理想社会を夢見て、その実現に向かって懸命の努力を続けてきました。ババはそれを、不可能を可能にしようとする試みと呼んだことがあります。

不可能だとわかっていてもあきらめずに挑戦せざるを得ない、それによって人間に何が、どこまで可能なのか、それを知ろうとすることが、人間以下の生命力によってつくられた人体を持ち、人間以上の高貴な生命力を魂として与えられた人間の特殊性であり、悲劇である以上に栄光だと言えるのかもしれません。

全託が意味するもの

中空に輝く光の球という、人間の心による把握を超えた形で出現し、ババを通じて私たちに与えられたラティハンを受けるためには、神に対する全託が必要であり、それがスブドの基本であることはすでに強調しました。ここでは、その内容をさらに掘り下げてみたいと思います。

旧約聖書では、全託の典型として預言者アブラハムの事例があげられていて、こう書かれています。

神はアブラハムを試みて彼に言われた。「アブラハムよ」。彼は言った。「ここにおります」。神は言われた。「あなたの愛するひとり子イサクを連れてモリヤの地に行き、わたしが示す山で彼を燔祭《はんさい》としてささげなさい」。

すなわち、アブラハムが老齢になってやっともうけた息子のイサクを、神事において必要な生け贄として殺して神にささげよというのです。しかしこの不合理と思われる命令に対しても、アブラハムは一言も不服を申し立てず、ただ命令に従おうとします。しかし実際には、彼がイサクに手を下そうとしたとき、神がその場に介入します。彼が殺したのはイサクではなく、身代わりとして神によって準備された一頭の雄羊でした。

この物語を読んで、神は何という残酷なことを命じるのか、と思う人は少なくないでしょう。しかし「神はアブラハムを試みて」と書かれていることに注意してください。神はアブラハムが神の忠実な僕《しもべ》であることをご存じの上で、それが事実であることをこの世の現実として実証するために、アブラハムを「試みた（試練を与えた）」のです。

そこには、人の心の世界と、この世の現実との間に存在する微妙なつながり（心で強く思ったことが反映してこの世でも実現する関連性）と、断絶性（心で思ってもこの世の事実とはならない非関連性）の問題があります。

ある人が「自分は神のご意志に従う、神に全託する」と口頭で述べたり、心で思ったとしても、この世の現実を生きるなかで、その人にそのとおりのことが実行でき、実行されるという保証はどこにもありません。

オープンの際、新会員は前述のように短い誓いの言葉を述べますが、実際のそれは言葉の上だけでの全託への合意の表明にすぎず、言葉には実体となる中味がほとんどありません。

全託の程度と、ラティハンによる浄化は、互いに繋がっています。全託の態度がなければ、そもそも大生命力との接触自体が起こりません。

また、大生命力との接触が起こっても、全託の態度が浅ければ、大生命力の流入はわずかで、浄化も思うようには進まないでしょう。

ですから、正しい態度でラティハンをおこない、ラティハンによる浄化の過程がスムーズに進行するためには、会員はラティハンを続けるかたわら、少しずつ自分の全託の態度を深め、言葉に実体を与えていかなければなりません。そうすることで、ラティハンによる浄化も順調に進んでいきます。


全託とは、言うまでもなく、自分を神のご意志にゆだねることです。自分をゆだねるということは、自分の手にあるすべて、自分が持っているものすべてを神のご意志にゆだねるということです。人によって対象は違いますが、自分の「すべて」のなかには、自分が最も愛しているもの、最も手放したくないものが入っていて、それらは往々にして「自分の一部」になっています。

アブラハムが受けた試練について、聖書では神とアブラハムが人間同士のように会話していますが、実際にはそんなことはあり得ません。ただアブラハムは、自分の命よりも大切に思っていた息子のイサクを、神に対する生け贄として自分の手で殺すよう求められたのです。アブラハムにとっては、それが自分の命より大切な彼の「すべて」でした。

アブラハムがおこなったような完全な神への全託は、私たちにとって、望んで得られるようなものではありません。彼の全託を百％だとすれば、私たちにできることはせいぜい十％か二十％、あるいは三十％程度にすぎないでしょう。

大生命力の流入は、全託によって空になった内的スペースの広さに比例するので、もし私たちが二十％の全託しかできなければ、ラティハンによって与えられる恩恵も、それに見合う程度に止まらざるを得ないでしょう。

ある人の全託の程度が二十％だということは、その人が大生命力を受け入れるためにあけようとしている内部スペースが、全体の二十％程度だということです。それでは浄化作業には不十分です。私たちは、浄化がスムーズに進むように、充分な広さのスペースを内部に準備しなければなりません。そのためには、それまでそこに入っていた異物を外に出さなければなりません。

ババは、その行為を想像しやすくするために、全託とは「すすんで手放そうとする」ことだと言っていました。

私たちの内部スペースを占拠しているものを、いま異物と言いましたが、実際には、それは私たちが愛しているもの、関心をもっているもの、愛着を感じているもののことです。すなわち、神から与えられたものです。そこには、私自身、私の健康、私の将来、妻、夫、親、子ども、その他の家族、財産、持ちもの、社会的地位やタイトル、名誉、評判など、すべてがふくまれます。

それらが本来、私のものではない理由は、私が生まれてきたときに一緒に持ってきたものでもなく、死ぬときあの世に一緒に持っていくこともできないことからもわかります。それらは、私たちのこの世での人生のために、神から（あるいは大自然から）一時的に借りたものです。

とはいえ、現在の社会で、そんな考えを持っている人はあまりいないでしょう。一般の社会常識がそうではないし、神の存在を実感できる人はほとんどいないからです。

しかしながら、それらが本当は自分のものではないということは、否定できない真実です。そして、スブドのラティハンに話をもどせば、大生命力の流入を可能にするためには、自分のものだと信じて抱えこんでいるそれらの一部を外に出して、大生命力が入ってくるための空っぽのスペースをつくらなければなりません。それが、「すすんで手放そうとする」というババの言葉の意味です。

今何を持っているにせよ、何に愛着しているにしても、神のご意志を受けて従うためには、それらの一部、あるいは全部を喜んで手放すことができるかどうかにかかってくるのです。

ただし、完全な全託は、私たちが一足飛びに身につけられるような簡単なものではありません。アブラハムにとってそれが可能であったのは、彼がすでに神の力によって満たされていて、全託を妨げる汚れや異物、ゆがんだ考えや濁った感情がすべて浄化されていたからです。そうでなければ、アブラハムといえども、不合理極まる命令に服することは難しかったことでしょう。

ですから、完全な全託は、スブドの会員であっても、まだ浄化の道半ばにある人たちには、望みようもない状態です。

それでも私たちは、アブラハムが示したような百%の全託が、スブドの道において私たちがめざすべき、全託の最終目標であることを忘れずにいなければなりません。

そして、ラティハンによる浄化が進行するのを忍耐強く見守るのと同時に、ときおり自分の全託の実体をチェックし、全託の中味を増やしていかなければなりません。自分にはそんなことは無理だとあきらめれば、浄化もそこで止まってしまうからです。そこまで歩いたという事実は残りますが……。

スブドでは自由意志を最大限に尊重しますが、ラティハンで働く力も、同じ原則を守っているように見えます。ということは、たとえ自分の欠点であっても、自分でそれを欠点であると自覚し、それを取り除きたいと願わないかぎり、その欠点はなかなか浄化されないことにもなります。


ババは、ラティハンの恩恵を正しく受け取るために必要な態度として、全託のほかに、受容と信頼と服従、真摯さ（誠実さ）と忍耐をあげています。

受容と信頼と服従は、全託と裏表の関係にあります。神からこの現世を通じて与えられるものを、たとえ望むものでなくても、拒まずに受けとる心の広さを持ち、全知である神のはからいを信頼するということです。

真摯さとは、どんなに厳しい現実に出会っても逃げようとせず、正面から現実に向き合おうとする誠実な態度のことです。

忍耐の必要性については、すでに数多く言及してきましたが、ババは、忍耐は会員にとって絶対に必要な条件である、とさえ言っています。忍耐はスブドのいろいろな局面で必要になりますが、それは、どんな事態に直面しても、心を乱すことなく、静かに事態を受け止める内面状態のことです。

人間は、神の性質や、神の意志を知ることはできません。宇宙の創造者であり、無限の存在である神と、神によってつくられた被造物である人間とでは、存在の次元がまったく違うからです。

創造主と被造物のあり方の違いを、例として、人間と人間によってつくられた机の違いに喩えてみましょう。机の製作者である人間は、机が何でできていて、どういう構造と意図で、何に使うためにつくられたかを熟知していますが、机の方はそういうことは何も知らず、実際に人間に使われるまでは、知ることもできません。

そうした神に対する人間の正しいあり方は、無条件でご意志に従う全託の態度であり、ラティハンの実践を通して神と自分との関係を密接に保ちながら、神のご意図がラティハンの果実としてあらわれるまで、心を乱さずに信頼して待つ忍耐ということになります。

なお、全託が必要なのは、神やラティハンの進歩に関するスピリチュアルな事柄に対してであり、この世の生活や仕事に関しては、そのために神から与えられた思考や感情を精一杯使って対処しなければならないことは、言うまでもありません。

テストという贈り物

人生ではいろいろなことが起こります。ありふれたこと、珍しいこと、嬉しいこと、悲しいこと、つらいこと、楽しいこと、等々です。

会員は、さまざまな局面で取るべき進路について迷ったとき、ラティハンを通して貴重な助力を得る方法が与えられています。それがテストです。テストとラティハンとは別々のものではありません。両方とも、ラティハンで出現する大いなる力（大生命力）を信じて、自分の将来のすべてをゆだねることにおいては変わりありません。

一つだけ違うのは、テストでは、ラティハンに入る直前に、知りたい疑問を神に問いかけ、その直後にラティハン状態に入ります。その後は、質問した内容すら忘れて、ひたすら神にすべてをゆだねるのです。

不思議なことに、そのとき答えが与えられます。

テストが使われるのは、自分のラティハンに疑問を抱いたとき、たとえば、いつまでたってもラティハン内容が過去の繰りかえしで、進歩が止まったのではないかという疑いを持ったときです。

そういう場合には、なぜ同じ内容のラティハンが続くのか、自分の進歩を妨げているのは何かを問うことができます。

答えが与えられるかどうかは、神のご意志によります。多くの場合、何らかの答えを与えられて、決断や選択の参考にすることができます。

答えの受け方は、人によりさまざまです。

頭や顔や手足の動きなど、身体的ジェスチャーで受ける人もいれば、内からの感じによって、あるいはビジョンによって受ける人もいます。口や舌が勝手に動いて、言葉として表現されることもあります。

それぞれの会員が、身体のどの部分のどこまで大生命力が浸透したかによって、それに合った形で答えを受けるのです。

ただし、テストで受けた答えが常に正しいとはかぎりません。質問者にとってその問いが大切な問題であればあるほど、願望や期待がからみついて、全託が難しくなるからです。

そのため、テストはなるべくヘルパーと一緒にするよう奨められています。質問者の願望や期待とは関係のないヘルパーたちと一緒にテストすることで、全託を深めることができ、彼らが受けた答えを参考にすることもできるからです。

それでも「質問したことすら忘れて」全託するのは決して容易なことではありません。

しかしもしそれができなければ、受ける答えは神からくるのではなく、心という源から、自分の期待や願望にそった答えを受けとるだけになる危険性があります。

スブドの集まりでよくおこなわれるものに「ボディ・テスト」あるいは「アウェアネス・テスト」と呼ばれるテストがあります。これは個々の問題や疑問を解決するためのテストではなく、会員の一人ひとりが、自分のラティハンの進捗状況を知るためのテストです。ラティハンの力が、自分の身体のどの部分、どの深さまで浸透したかを知るテストです。

簡単な例をあげると、たとえば「足はどこにありますか、足はどんな役に立ちますか」とか、「手はどこにありますか、どんな役に立ちますか」というような質問をして、ラティハン状態のなかで、自分の身体がそれにどんな反応を示すかを見るのです。

会員はラティハン状態になっているので、もしラティハンの力が足に浸透していれば、足は自然に動いて歩き出すでしょうし、さもなければ、ピクリとも動かないでしょう。

ボディ・テストは、身体のどの部分、どの器官、どの内部機能についてもおこなうことができます、それによって、他人に聞かなくても、ラティハンの力の浸透がどこまで達しているかを知ることができます。

テストはもともと、思考や感情では扱うことができない、スピリチュアルな問題や質問を解決するために与えられた手段です。思考や感情を使って解決することができる、現世的な問題の解決のために乱用するのは避けなければなりません。それは刺身包丁で材木を切るようなもので、テストで使う内部感覚の精度を損ねてしまいます。

いずれにせよ、テストはラティハンとともに生きようとする人たちへの贈りもので、願望を満たすためのお告げや占いに類するものではありません。

また、好奇心から、自分の状態やニーズとはかけ離れた事物をテストするべきではありません。たとえば、天使の状態を知ろうとしてテストしても、願いが叶えられないばかりか、不愉快で有害な経験をするかもしれません。天使のみが天使を知る、と言います。人間以上の段階については、私たちは神によってその段階に引き上げられなければ、知ることはできません。

テストは、個人の問題ばかりでなく、グループの問題の解決にも使われます。スブドでは、組織の長や役員を選ぶ際には、テストの結果を参考にするのが一般的です。

タレントと自分探し

テストに関する話題の続きになりますが、これから人生の進路を決めようとする若者たちにとっては、自分にどんな才能（タレント）が与えられているのかは、見逃せない話題です。

大学まで卒業しても、自分の進路に迷っている若者はたくさんいます。

世界は今、大きな変動期に入っていて、社会全体が激しく揺れ動いています。グローバルな世界が出現して、それまでの社会基盤、価値体系が根本から崩れ、すべての価値が相対化されて、絶対的に確実な基準が何もなくなりました。

そのために若者たちは、社会の中心軸がない新しい世界で、将来に対してわけのわからない不安をいだいています。

世界はどうなるのか。私はどうなるのか。私は何をめざし、何を生きがいに生きればよいのか。

「自分探し」という言葉が一時流行りましたが、これは、外の世界によりどころになる中心軸がなく、絶対的な基準が何もないのなら、それに代わるものを自分のなかに見つけようという企てです。

世界がどう動き、社会がどう変わろうとも、自分がどういう存在であるかを知り、自分にどんな才能があり、本当は何を求め、何をやりたいと思っているのかがわかれば、それを目標にして生きることができるのではないか、というわけです。

そういう願いに対して、スブドは何を提供できるでしょうか。

スブドでは、人間は一人ひとり、独自の個性とそれを表現するタレント（才能）を持って生まれており、そのタレントを生かし、それによって生活することができれば、生きがいを感じるだけではなく、魂の成長と個性の発達をうながすと考えます。

会員は、自分のタレントを知るためにテストを使うことができます。与えられているタレントを発見し、それに合った職業を選ぶことができれば幸運です。

しかし、タレントに関する正しい答えを得ることは容易ではありません。パパの生存中は、多くの会員が自分のタレントを教えてほしいとババに依頼しました。そのためババは日に何十通もの手紙を受けとり、返事をするために多大な時間を費やさざるを得ませんでした。

ババの死後、会員たちは、ババの長女のイブ・ラハユがその役割を引き継ぐことを期待しました。しかし、彼女は今年九十歳になり、その依頼に応えることはできないから、自分のタレントは自分で見つけるように、とアドバイスしています。彼女によれば、他人のタレントを知るには、その人の魂と一つにつながることが必要ですが、それは決して安易な作業ではないのです。

私は、大学を卒業した若い娘が、ババに自分のタレントを尋ねたとき、その場にいたことがあります。

そのときは日本人の会員たちは列をつくり、順番にババの前に出て挨拶したり、握手してもらったりしていました。娘は自分の番がきて、ババに簡単な挨拶をするやいなや、ぶしつけに「ババ、私のタレントは何ですか」と英語で突然聞きました。ババが少し英語を理解できると知っていたのです。私はちょっとはらはらしました。

「ティーチャー・ランゲージ（語学）」と、間髪を入れずにパパも英語で答えました。

「どの言語の？」

「イングリッシュ」

パパはそれから「あなたは英語が好きか」と娘にたずね、「好きです」という返事を聞いて「それはよい」と言われました。

その娘は、英国へ留学はしていましたが、教員の資格を持っていなかったので、その後直ちに大学院にすすんで、私立大学に非常勤英語講師の職を得て、現在までそれが続いています。彼女は英語教師の仕事を愛しており、早い時期にパパからタレントを知らされた幸運を今も神に感謝しています。

この話からもわかりますが、タレントに合った仕事を職業として選ぼうとすると、タイミングが問題になります。

もし、プロの音楽演奏家をめざすのであれば、音楽のタレントがあっても、子どものときから楽器に親しんで、指使いを練習しなければなりません。四十歳、五十歳になってからピアノを弾きはじめても、趣味として楽しむことはできても、演奏で収入を得ることは不可能です。

職業人として成功するには、タレントのほかに幾つかの条件が必要であり、その条件を満たすには時間と金がかかることが少なくありません。

タレント・テストにはそういう難しさがありますが、年齢にかかわらず、自分のタレントを知ることにはメリットがあります。自分の個性を知り、そのタレントに沿ったことを生活に織りこむことで、生きがいと幸せを感じやすくなるからです。

実を言えば、テストをしなくても、ラティハンを続けていくと、私たちの人格（社会生活のための表の顔）で隠されていた真の個性が顔を出しやすくなります。ラティハンは、大生命力に助けられて真の自分を取りもどすトレーニングです。意識するしないにかかわらず、社交用の人格の人工的なところがはげ落ちて、本来の自分が出てくるのです。

それは、ある意味でその人が強くなったことを示しています。前より人目が気にならなくなり、本音が言えるようになるからです。

それらを通して、自分の本来の性質がより深くわかるようになりますが、それで終わりではありません。浄化のところで書いたように、裏側に隠れていた本来の個性にも、多くの汚れが付着し染みこんでいる可能性が大きく、真の浄化は実はそこからはじまるのかもしれないからです。

この世とあの世

これまで幾つかの話題を取りあげましたが、多くの人が興味をもつ話題の一つは、死後の行き先だと思います。

ラティハンは死後の生活にも大きな影響を与え、あの世に移行した両親や祖先の安寧にもかかわると言いましたが、完全に死んでから生きかえって、あの世の事情を直接説明してくれた人は誰もいません。

死後の生については、降霊会の記録、メディアムや霊能者からの情報に基づいて、数多くの本やレポートが出版されています。

さらに最近では臨死体験や、幽体離脱の体験記も数多く出版されて、日本の代表的なジャーナリストで評論家である田原総一郎も調査や検証にかかわっています。

ババはしばしば、死後の世界についてトークで言及しましたが、人が死ぬときいったい何が起こるのか、あの世とはどんな世界なのかについて、わかりやすい全般的な説明をすることは、会員に対してもありませんでした。

それだけこの問題については慎重だったといえます。

私は死について特にくわしいわけではありませんが、死後の世界の存在については、当然あると思っていましたし、私のラティハン体験もそれを裏づけていました。スピリチュアリズムや神智学の主張にも、真実がふくまれている可能性が多いと思っていました。

私が、死後の生活に関するババの言葉について、最初にいぶかしく思い、疑問を感じたのは、一九六一年に、はじめてババのトークを翻訳したときです。トークはすべて非公開ですが、最初期の四つのトークだけ公開が許されたのです。

その最初のトークに、次のような説明があります。

「十字架による死は、天と地との間の深淵に橋をかけることが、『完成人』のもつ役割であることを象徴しております。……かくてイエスは、死後の生において、彼の固体の一部をなしていた何ものも失わなかったのであります。彼はなお見、聞き、嗅ぎ、話し、知覚することができ、また他の能力も働き続けたのであります。

これは、この霊的修練で、我々が経験するものと符合いたします」


パパは何を言っているのかと、私は奇異に思いました。私の訳は間違っていない。しかし、これではまるで、通常の人間は、死後は見ることも、聞くことも、嗅ぐことも、話すこともできないと言っているようではないか？

そんなことはありえない、と私は思いました。

私たちはこの世では肉体を与えられています。肉体には五感をはじめ、さまざまな知覚機能が備えられていて、見、聞き、嗅ぎ、触ることができます。それと同じように、私たちが死んで肉体を脱ぎすてたとき、すなわちあの世に移行したとき、肉体に対応する霊的身体も自然に与えられるのではないか。

当時私は漠然とそう考えていましたが、それはスピリチュアリズムと同じでした。スピリチュアリズムは「霊体と肉体の二重構造」説です。人間はお互いにつながっている一対の肉体と霊体を与えられており、死んで肉体が捨てられると、霊体が活動しはじめるという考えです。

神智学は「多重身体論」で、人間ははじめから、肉体、エーテル体、アストラル体、メンタル体、コーザル体という複数の身体を持っているとされます。

私がバパの言葉に衝撃を受けたのは、トークの内容が本当なら、この世で四肢の一部を欠いていたり、機能が麻痺している子どもが生まれるように、似たようなことが、あの世でも起こっていることになるからです。

この疑問は長い間私の内部にとどまり、受けた衝撃が薄まるまでには何年もかかりました。

バパの言葉は、スピリチュアリズムの主張をはじめ、一般的な常識を真っ向から否定しています。

バパは死後の生について、会員に対しても一般的な説明はしなかったと書きましたが、ただ一人、その理由をバパに直接たずねた人がいます。長年スブドの国際組織の長であるとともに、世界的なジャーナリストであったヴァリンドラ・タージー・ヴィタッチです。彼はババの死後、『回顧録』を、ババへの花束という副題をつけて出版しましたが、そのなかで、死後の生に関するババとのインタビューを掲載しています。

なぜ、死後の生について一般的な説明をしないのか、という最初の問いかけに対して、ババは「死の現実に正しく向き合う用意が人々にはまだできていない」と答えています。そして「これから話すことは、当座の、ごく大まかな答えだから、人に話すときには、そのことをあらかじめ充分に注意し、実際は多くの異なった状況があることを、よく説明した上で話さなければならない」と注意した上で、死後の魂には大別すると三つの行き先があると答えています。

一番多いのは、この世で生きている間、物質的な価値しか認めず、物質界の風土にどっぷりつかっていた人たちの行き先です。そういう人の魂は、死後も鎧のように、物質の残滓によってくまなく覆われているので、物質界以外では生きられません。植物にたとえれば、芽を吹くことができない種子のようなものです。だから、物質界の底深く沈んでいきます。

次に多いのは、神を敬う気持ちを持ち、最初のグループほどには物質界の汚染に染まらなかった人たちです。彼らの魂は地中ではなく、地上にとどまりますが、物質界の圏外に脱出することはできません。幽霊や地縛霊として人々が見るのは、そういう人の魂です。彼らにとっては、人生を学びなおすために、人間として生まれ変わることが望ましい選択肢の一つになります。

最後の、めったにしか起こらない第三のケースは、死んだら直ちに、通常の人間の生命力の世界から、完成人の領域であるロハニの世界に神によって引き上げられる人です。

これら三つのコースについて少し敷衍すると、まず死後の世界においては、この世と異なり、自分の力で向上していくことが難しいことがあげられます。

この世は固体で成り立つ物質世界であるのに対し、死後の世界は波動の世界で、そこでは物質は存在することができません。

物質ではない魂は死後の世界で生き続けますが、物質的存在である肉体はこの世に残していくことになります。

問題は、人間の念です。念は思考や感情の産物ですが、物質のような形も固体性も持っていないので、魂とともにあの世に移行することができますが、その活動は止まってしまいます。

なぜなら、思考や感情にエネルギーを供給していた肉体がなくなってしまったため、死の直前の状態で止まって動かなくなったからです。

パパはそれを、思考も感情も鍵をかけられて、ロックされたようになる、と形容していました。記憶を変更することも、内容を書き足すこともできなくなり、神や閻魔さまに問われても嘘がつけません。

人間は、思考や感情の努力によって向上をはかりますが、それが使えない状態になるのです。これが死後の向上を難しくしている理由の一つです。

しかし、実はもっと重大な理由があります。

それは、死後の世界で現世の肉体の代わりをする霊的身体の獲得です。波動世界であるあの世では、物質でできた肉体の代わりに、波動でつくられた霊的身体が必要になります。死後の世界の事物や出来事を見たり、聞いたり、触ったり、考えたり、感じたりする霊的身体です。

本節のはじめに引用し、私に奇異な感じをいだかせた、復活後のイエスの状態に関するババのトークは、そのことを言っていたのです。

死後の世界で霊的身体が必要なことは、もちろんわかっていました。しかし、神智学のように、人間は複数の霊的身体をはじめからまとっているとか、スピリチュアリズムのように、肉体と霊的身体は二重構造で、肉体が捨てられると同時に霊的人体が働きはじめる、というように、これまで割と軽く考えられてきたのが、ババは、霊的身体は自動的に与えられるのではなく、私たち一人ひとりが、自分でかちとらなければならないと言ったのです。

この認識は、多分、スブドによってはじめて人類にもたらされた事実認識です。

物質的身体は、人間が母親の胎内でこの世での生活をはじめるなかで自然に与えられますが、霊的身体はそんなふうにはいかず、人間がこの世で生きている間に、おそらく自分のよい行動を通して、自分で獲得しなければならないようなのです。パパは、ラティハンによって霊的身体が得られると言っています。

ラティハンによって私たちの身体に流入する大生命力は、身体の各部分、各器官に浸透していきますが、肉体のその部分がそれによって生きかえるだけではなく、それまで決まった形を持たなかった人間的魂が、その部分に合わせて形を取りはじめるのです。

こうして私たちは、必要となる霊的身体の一部である霊的な指先をまず手に入れ、次には霊的な手を入手し、霊的な足を自分のものにするというように、次第に完全な霊的身体を完成させていくのです。

そうだとすれば、この世の赤ちゃんで見られるような、生まれながらの、あるいは隠れていてすぐには眼に見えない障害をかかえた新生児が、あの世でも同じように誕生していると考えるべきなのでしょうか。

もしそれが事実であるとすれば、私たちは死後の生活について、重大な問題を突きつけられたことになります。

以上、ババの言葉をたよりにして、死後の世界を話題にしてきましたが、「人々は死の現実に向かい合う用意がまだできていない」というババの言葉を重く受け止めていただきたいと思います。

また「ババの答えは、当座の、ごく大雑把な説明にすぎず、実際にはさまざまな状況があり得る。他人には、そのことを充分に納得させた上で話すように」というババの注意を忘れないようにしてください。

第四章　国際協調と社会貢献

会員の国際融和

スブドには多くの宗教の人がいます。キリスト教、イスラム、ユダヤ教、ヒンズー教、仏教、神道、私が名前を知らない宗教、そして宗教を持たない人です。

そういう人たちが、みな一緒にラティハンをします。お互いの間にはどんな違和感もありません。

ラティハンがはじまると、思考と感情が効力を失って、脇の方におかれます。そうなると、この世の出来事も脇におかれて、まるで意識の周辺に引っ込んでしまったようになります。

そのとき感じられる状態を言葉で表すのは困難です。平安があります。静謐さがあります。おだやかな感じがします。束縛のない自由な感じがあります。どんな圧迫もなく、自分をせかすものは何もない、そんな感じです。

会員同士のつきあいでもその影響が続いて、おだやかな感情が基調となり、友好的な関係がつくられやすくなります。このような平安さと穏やかで落ちついた心は、ほかではなかなか経験できないでしょう。

このような雰囲気のなかでは、ふつうなら緊張をひき起こしかねない話題でも、言い争いにはなりにくくなります。

宗教を異にしながら一緒にラティハンをして、心の平安を体験した人にとっては、宗教が意見の対立や反目の種になることはないでしょう。そんなわけで、スブドでは、相手の宗教をたずねることもめったにないのです。民族の違い、国家の違い、文化の違い、言葉の違いも同じです。ラティハンの雰囲気のなかでは、それらの違いは大きな問題ではなくなるのです。

現在、宗教の分野では世界中で、異なった宗教の人たちが話し合い、宗教間の調和をはかるインターフェイス対話（Inter-Faith Dialogue）が盛んになりつつあり、「宗教間の平和がなければ国家間の平和はなく、宗教間の対話がなければ宗教間の平和はない」を標語としています。

この努力は貴重ですが、まだ実際的な効果をあげるには至っていません。「人類はみな兄弟」とベートーヴェンが第九交響曲で高らかに歌いあげてから二百年近く経ちますが、その理想が実現される兆しはまったく見えません。

考え方や意見の違いと摩擦をつくりだしているのは、人間の思考や感情です。ですから国際協調も、互いの意見や感情をすり合わせ、一致できるところや妥協できる点を見つけることからはじまります。その点で、意見や信条の違いを乗り越えてスブドで今実現されている会員間の融和は、人類の歴史上はじめてのものです。

思考や感情を取り払った後でのラティハンで感じられるのは、これまで経験したことのない、まったく新しい条件での人間関係です。

スブドの会員は、世界のどこに旅しても、異国にいるというこだわりのないアットホームな感じで、その地の会員たちとラティハンをともにすることができます。

この状態は、今のところ少数のスブド会員でなければ味わうことができない経験かもしれません。しかし、その内容をみると、スブドは国際融和の面においても、未来につながる新たな可能性を開きつつあるように思えます。

会員の社会貢献

スブドは、積極的に会員たちの社会活動を支援しています。

スブドの社会活動の歴史は、スブドの最初期にさかのぼります。最初の事業は、一九六〇年に英国で設立された障害児をケアする施設です。

スブド会員による社会活動への挑戦は、スブドが世界に広く伝えられるのに従って、多くの国で試みられ、スブドの歴史の重要な一部になっています。

これらの社会活動は、現地会員のイニシアティブ（発議）によってはじめられ、他の多くの会員やグループが、国境を超えて協力します。

スブドの中心である本体組織は、各国のスブド全国組織が構成しているワールド・スブド・アソシエーション（WSA）ですが、会員の社会活動は、WSAの外郭団体として、別組織をつくっておこなわれています。

外郭団体のなかで、最も歴史が古く活動が活発なのは、SDIA（スシラダルマ・インターナショナル・アソシエーション）です。一九六八年に設立され、米国で法人化されています。

SDIAは、その長い歴史と世界中での活動が国連に評価され、国連の経済社会理事会の会議に出席して、意見を具申することができる国連NGOの資格を与えられています。

SDIAは、これまで二十九カ国で活動していますが、現在はアメリカ、アジア太平洋、アフリカ、ヨーロッパの十九の国で福祉プロジェクトを応援しています。そのほかに、文化、芸術表現を支援する組織であるSICA、青少年活動を応援するSYIA、健康と医療関係者のSIHA、企業を奨励するSESI、スブド全般の財政基金であるMSFがそれぞれの活動を展開しています。

そのなかで、ＳＩＣＡが担当する「文化」は、とても広い概念です。ＳＩＣＡは会員の文化・芸術表現を後押しするとともに、思考中心の現代芸術に対して、「内部感覚のすべてに生命をもたらす人間的魂から生まれ育ってくる」文化や芸術が、スブドを通して芽生えてくるのを望んでいます。

バパは、『スシラ ブディ ダルマ』の最終章で、次のように言っています。

このようであると、あなた方は間もなく自分の仕事のなかで魂に合った能力と技能を得るであろう。そして、これらの能力と技能は、内部感覚のすべてに生命をもたらす人間的魂から生まれ育ってくるので、あなた方の人生はそれによって間違いなく幸せなものになるであろう……。

これが真に文化と呼び得るものである。なぜならその源は人間の魂だからであり、それは様々な仲間の力の影響から解放されて目覚めた内部感覚のなかで受けられる。

それは決して止まることのない、あるひとつの生命力で満たされている文化である。だからこそ、あなた方のおこなう仕事が、あなた方にとっては全能者を礼拝する手段となるであろう。

スブド・ジャパンと社会活動

SDジャパン（SDIAの日本支部）は、東北大震災のボランティア活動に参加し、インドネシアのプロジェクトの財政支援の要請に応じています。

また、現在、二名の会員がICDP（国際児童発達プログラム）を日本に導入する準備を進めており、すでにファシリテーター（コースの実施者）を養成することができるトレーナーの資格を得て、セミナーやミーティングを準備しています。

ICDPは、古くからのスブド会員で、ノルウェーのオスロ大学の心理学教授だった故カールステン・フンデイデが、内戦で両親を失い、心に深い傷を負った低開発国の子どもたちを助けるために開発した心理・社会的なプログラムです。

ＩＣＤＰは、アフリカのアンゴラでまず実施され、紛争のたえない他の国々に対象を広げました。

そして、現地の大学によって効果が学術的に認められ、さまざまに異なる文化で実施できる適応性の広さが高く評価されたため、国連の「世界保健機構」（ＷＨＯ）から、唯一の公認「心の健康プログラム」として採択され、出版されています。

このプログラムは、子どもの心の発達を助ける最新の心理学の業績にもとづき、その最善の方法は子ども自体を対象にするよりも、子どもを世話する母親や父親、保育園・幼稚園・学校の教師、子どもの施設の職員（養育者）のケアの質を高めることにあるとして、人と人とのかかわり合いの本質を追究したプログラムです。知識や教育の有無にかかわらず、誰でも身につけることができます。

ＩＣＤＰが実施された国や地方はすでに四十に達しますが、最新のニュースでは、ＳＤＩＡとＩＣＤＰが共同して、カナダ政府が公募した児童援助のプロジェクトに応募し、世界中の六万八千もの応募者のなかから選ばれて、最初の十八ヶ月間に二十万米ドル（約二千百六十万円）の資金援助が与えられるそうです。この資金は、南米ペルーの貧困地区で、子どもに対する大規模な栄養補給とＩＣＤＰのパイロット・プロジェクトを実施するために使われます。

ＩＣＤＰは日本ではまだ知る人がいませんが、児童虐待の防止や子どものケアとともに、高齢者の介護にも使うことができる柔軟性をもっています。

日本では、超高齢者社会を目前にすると同時に、児童虐待も近年急激に増加しています。児童相談所が平成二十七年度に対応した児童虐待件数は、二十六年度にくらべて一万五千件近く増えて十万三千二百六十件に達し、特に心理的虐待の増加が目立っています。

こうした現状を考えると、早急に対策を立てることが焦眉の急になります。ですから、もし日本にＩＣＤＰを導入し定着させることができれば、社会に対する意味のある貢献になるのではないでしょうか。

【コラム・スブドという名称】

スブドは、スシラ、ブディ、ダルマという三つのサンスクリット語を縮めて一語にしたものです。

スブドの伝播がはじまったころ、ババは、スブドという名称がもしラティハンを広めるための障害になるのであれば、変えてもよいという意向を示されましたが、適当な代案がなく、スブドという名称が定着しました。三語の意味は、

スシラは、真に人間的な正しい行動と振る舞いを意味し、

ブディは、人間の内部には、その人を教え導く光のような高貴な力が存在することを示し、

ダルマは、宇宙をつくった神に対する、受容と信頼と服従と全託の態度をあらわしています。

この三語が集まって、

神の創造の力である大生命力に自分のすべてをゆだねることによって、人間的魂が大生命力と接触して眠りから目覚め、地上最高の存在である人間にふさわしい道徳性をそなえ、正しい生き方をすることができるようになる、という意味になります。

スブドはラティハンというスピリチュアル・トレーニングの体験であって、教えや言葉ではありませんが、この世に存在するには名前が必要です。スブドという名称は、そのスピリチュアル・トレーニングの方向と目的をあらわしており、スブドの会員は、ラティハンを実践することで、その目標の達成をめざすことになります。

【補遺】 スブド・ジャパンの組織と運営

日本でのスブドは、スブド・ジャパンという本体組織（ウェブサイト：www.subud.jp）と、それを母体として設立されたスブドＪＣという一般社団法人の二つの組織で成りたっています。

スブドＪＣは、スブドが日本で社会的な活動にかかわるために必要となる法人格を得るために、スブド・ジャパンの分身的な活動を担う組織としてつくられました。

二つの組織の運営や予算は、スブドの会員が民主的な手続きによって毎年開いているスブド全国大会で決められます。その決定は、出席会員の全員一致が理想ですが、必要に応じて投票による多数決も使われます。

スブドには定額の会費はなく、自由献金によって運営されます。ラティハン場の確保や、ニュースレターなどの定期的な刊行物の配付、会の維持と発展のための予算は、会員一人ひとりが、自分の負担できる額を自分で判断して、所属支部やスブド・ジャパンに献金することでまかなわれています。

スブドには指導者も、階級もありません。先輩と後輩の区別もありません。その意味で全員が平等です。

世界のあらゆるスブド組織の運営は、ヘルパーとコミッティという、二種類のボランティア会員によっておこなわれます。

ヘルパーは、スピリチュアルな面の仕事を担当するボランティアで、ラティハン経験を重ねた会員から選ばれ、定まった任期がありません。その主な業務は次のとおりです。

- 入会申込者その他に対するスブドの説明
- 新会員のオープン
- グループ・ラティハンの実施
- 会員の相談相手
- コミッティの仕事のサポート

ヘルパーはスブドの入り口という重要な役割を担っていますが、階級制度のないスブドにおいては、ヘルパーになっても、権威を持つとか、一般会員より優れているということにはなりません。

会員のスピリチュアルな立場は神のみが知り得ることで、古くからのヘルパーよりも、今日ラティハンをはじめた新会員の方が霊的に高いステージにいるかもしれないからです。

スブドの現世面の仕事を担当するコミッティ（委員）は、ボランティアであることはヘルパーと同じですが、任期があり、原則として二年で交代します。

コミッティの主な業務は、会員の登録、事務連絡、ラティハン会場の準備、会報などの編集や発行、予算の立案や執行などです。

ヘルパーもコミッティも、担当する責任範囲がわかるように、グループ、地域、全国、国際という言葉をヘルパーやコミッティの前につけて呼びます。

全国委員会（ナショナル・コミッティ）の長である全国委員長（ナショナル・チェアパーソン）は、現世的な事柄すべてを取り仕切る責任を負っていますが、スブドの運営は全員参加型の民主主義で、重大な事柄は全国大会での審議と決議を経て実行されます。

著名な国際ジャーナリストとして、米国のニューズウイーク誌の常任コラムニストであり、ユニセフの広報担当理事として、世界の多くの組織とその運営にかかわりながら、スブドの国際組織の長であったヴァリンドラ・ヴィタッチは、スブドの役職を評して「責任はあるが権限のない、世界でもまれな組織」だと言っていました。

スブドでは、たとえどんな場合でも、鶴の一声という決定の仕方はあり得ません。ヴァリンドラの言葉は、たとえ理事長といえども自分の意見を押しつける権利を持たず、全員一致をめざして忍耐強く話し合う必要がある全員参加型の組織のあり方について、そのよさは認めながらも、その舵取りの難しさを評したものです。スブドでは、全員一致に至らない場合には、決定を延期するか、もしくは全員の同意があれば、テストによって決定することが可能です。

おわりに

スブドの特徴と思われることをいろいろと書いてみましたが、スブドのラティハンは、本来、言葉で説明することができません。

ですから本書も、スブドの全体像を示すどころか、インドの「群盲象をなでる」ということわざどおり、スブドについての断片的な事実をまとまりなく呈示する結果に終わったのではないかと危惧しています。

ババは、もしラティハンを言葉で説明しなければならないとしたら、どれだけの時間、どれだけの紙数があっても足りないだろうと言っていました。

スブドのラティハンは、どんなに頭をしぼっても、到底、私たちの通常の常識の枠内に収められるようなものではありません。その出現の経緯そのものが、ふつうの人間の理解を拒んでいます。

頭や感情でスブドを理解することはできません。歴史のなかから、似た前例をさがして比較してみたいと思っても無駄でしょう。

スブドの根幹はラティハンですが、ラティハンは、常識からは想像するのさえ難しい、不思議な特徴をたくさん持っています。

ラティハンによる変化と創造のあり方は、大自然の変化と創造のあり方と完全に一致しています。言葉による予告や説明はなく、あるのは起こった事実の呈示だけです。

さらに、スブドのラティハンは、これまで人々に知られていなかった新しい知識と認識の上に成り立っています。

その一つは、思考と感情という、心の二大機能の性質と限界です。

もう一つは、死後の世界で必要となるスピリチュアルな身体の獲得問題です。

この二つは、今のところはバパが指摘した事実にとどまり、科学的な用語を借りれば、実験や観察による立証が未だなされていない仮説の段階です。

しかしこの仮説は、私たちとスピリチュアルな世界の関係について、謎とされてきた多くの部分を、無理なく説明してくれるように思われます。科学の仮説のなかでも、観察や実験による立証が難しい問題については、仮説によって過去の学説以上に、現実に存在する諸事実を無理なく容易に説明することができるとき、その仮説は定説に近いという評価を受けます。

ですから、パパによる仮説についても、将来、単なる仮説以上の真実性をもつことが明らかにされれば、その内容から見て、人類の宇宙観に非常に大きな影響をおよぼす可能性があるでしょう。

振りかえってみると、私がスブドを知ったのは、正確には六十四年前のことになります。実は、私は大学生のとき、何の前触れもなく、突然、神の力を目撃する体験をし、宇宙をつくり、維持し、その活動を支えている神の存在を確信しました。

そしてどうしても、同じような経験をもう一度したいと切望しました。

私にそういう経験がなければ、インドネシア起源の、当時誰一人知る人のない、会員も三百人に満たないという、スブドという小さな団体に興味を持つことも、オープンを受けることもおそらくなかったでしょう。疑う理由は山ほどあったからです。

スブドについての理解は、真剣にラティハンをすればするほど、続ければ続けるほど、全託の態度が高まれば高まるほど、深く、広くなり、真実に近づいていきます。それは身体的年齢とは関係ありません。スピリチュアルな進歩は、ラティハンを続けるかぎり、どんなに年を取っても止まることはありません。これはラティハンの素晴らしい性質の一つです。

私たちは、スブドのすべてを経験し、理解することはできません。ラティハンで接触するのが、神からの大生命力であるとすれば、スブドのすべてを理解することは、神の力のすべてを理解し経験することになりますが、そんなことは成し得ないことです。

本書で私は、スブドによるスピリチュアルな旅路をすべて踏破したのは、まだババ一人だけだと書きましたが、厳密に言えば、スブドのすべてを経験することは人間にはできない、と言うべきでしょう。

しかし、一人ですべてを経験することはできなくても、現在、そして未来のスブド会員によって、スブドの持つ特性と価値が少しずつ確かめられ、考えられているよりもずっと大きな可能性を持っていることが明らかになるかもしれません。

神の力のすべては経験できなくても、少しずつ神に近づくことはできるでしょうし、歩みを止めなければ、たとえ無限に近い時間がかかろうとも、どこまでも神に近づいていけるでしょう。

ババは、スブドの会員が、ババと同じではなくても、ラティハンを通してババと似たようなことを経験し、ババの言葉を裏書きしてくれるのを願っていました。私も自分の体験をふまえて、それを期待し、希望しています。

ラティハンによって開かれた可能性の探求はまだはじまったばかりで、真の解明はこれからなのだと思います。

今から十年前、私は、ラティハンの実践によって得られた体験のうち、特にスピリチュアルな性格が強く類似の例を見かけないものを選んで、日本語と英語の両方で本として上梓しました（日本語版題名『魂の究極の旅』たま出版、英語版題名 *Subud- A Spiritual Journey*, Booksurge Publishing）。

しかし、それらの書籍では、体験の母体であったスブドについての説明は意図的に省きました。スブドについて一般的な記述をするのは、私には無理だと思ったからです。

その思いは今も変わりませんが、本書は、人生の最晩年にさしかかって、そのときに感じた心の隙間を少しでも埋めたいという思いを形にしたものです。

ババは、ラティハンの真の恩恵は、死を迎えたときにわかると述べています。私たちの寿命はせいぜい百歳かそこらですが、死後の魂は永遠に生き続けると考えられるからです。

それればかりではありません。ラティハンによる恩恵は、会員個人を超えて、その祖先や子孫におよぶといわれています。実際に、すでに他界した両親や祖先が、自分のラティハンの恩恵を受けていることを体験したと報告している会員が何人もいます。

ババは、ラティハンは神から人類への贈りものであるから、世界に広まるかどうかは神のご意志によると言っていました。しかし同時に、スブドは宣伝や勧誘によって広めるのではなく、スブドという木がどんなよい果実をつけるかによって評価されるべきだと述べていました。

実際にスブドは、ラティハンを体験した人たちが、みずからの体験に基づいてその価値を評価し、判断するほかありません。

しかし、そういう過程を踏まなければならないとすると、当然のことながら時間がかかります。スブドが社会から正当に評価される時代がくるのは、まだ少し先のことかもしれません。

私としては、スブドの全体像に近いものを言葉で表現しようとした本書の試みが、その無謀さや、私自身の能力不足にもかかわらず、その時期を少し早めるための小さな貢献の一つになることを願っています。

<著者紹介>

建部 ロザック（たてべ ろざっく）

1928年生まれ。東京大学仏文科卒。

出版社に勤務中の1954年にスブドの存在を知り、その後国際特許事務所で働きながらスブド・ジャパンの設立にたずさわる。

以後、多年にわたりスブドの国際レベルでの活動に参加。

著書として『魂の究極の旅』（たま出版）、訳書として、共訳の『二十世紀の奇跡スブド』（理想社）、『スブド』（めるくまーる）、『未来からの贈り物』（八重岳書房）がある。

大生命力が導くラティハン
〜宗教でも教義でも瞑想でもない、新たなる浄化体験〜

2018年10月12日　初版第1刷発行

著　者　建部 ロザック
発行者　韮澤 潤一郎
発行所　株式会社 たま出版
〒160-0004 東京都新宿区四谷4－28－20
☎ 03-5369-3051（代表）
FAX 03-5369-3052
http://tamabook.com
振替　00130-5-94804
組　版　一企画
印刷所　神谷印刷株式会社

ISBN978-4-8127-0422-6　C0011